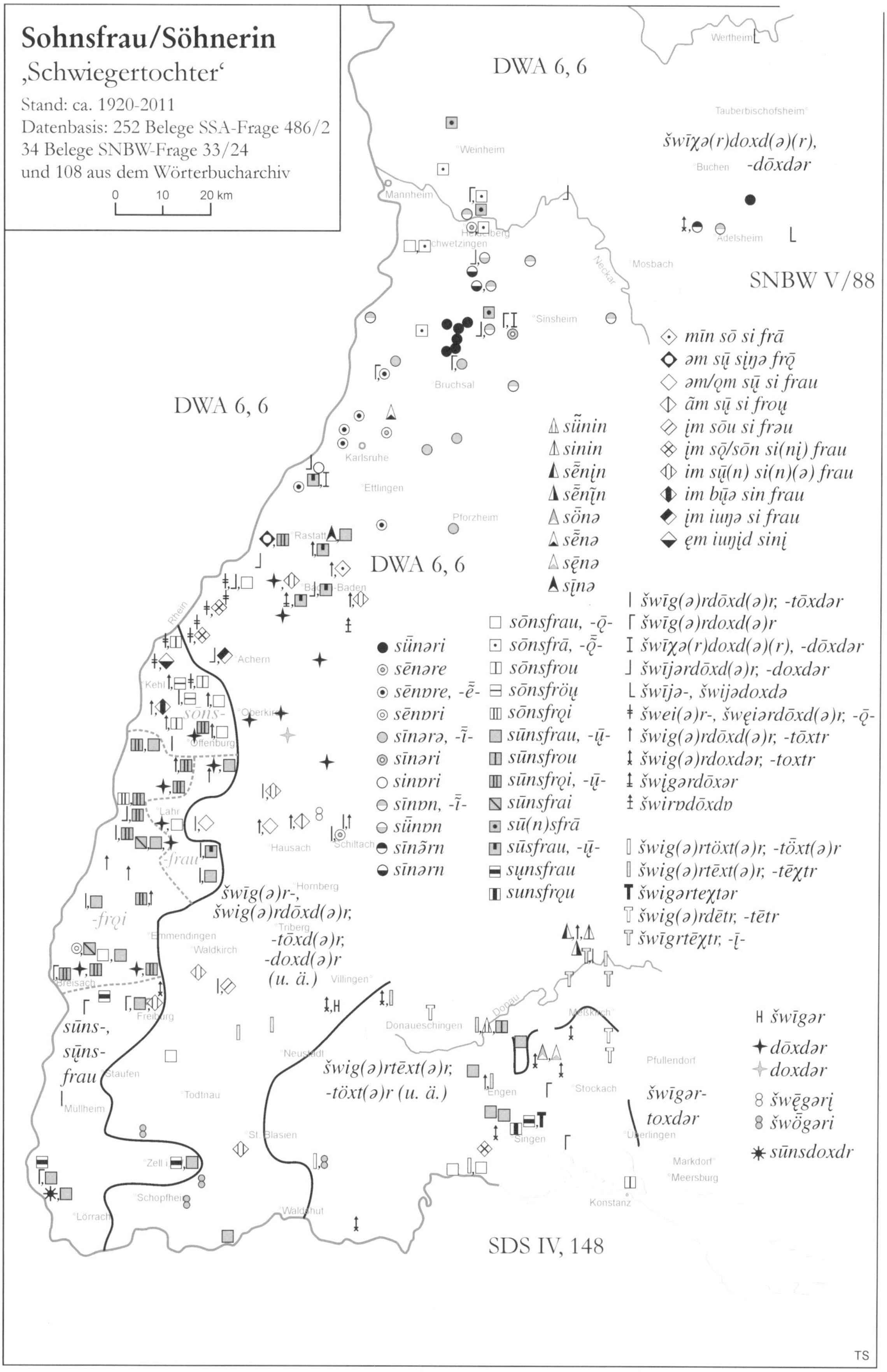

Sohnsfrau/Söhnerin

‚Schwiegertochter'

Stand: ca. 1920-2011
Datenbasis: 252 Belege SSA-Frage 486/2
34 Belege SNBW-Frage 33/24
und 108 aus dem Wörterbucharchiv

0 10 20 km

DWA 6, 6

Wertheim
Tauberbischofsheim
Buchen
Weinheim
Mannheim
Heidelberg
Schwetzingen
Adelsheim
Mosbach
Neckar
Sinsheim
Bruchsal
Karlsruhe
Ettlingen
Pforzheim
Rastatt
Baden-Baden
Rhein
Achern
Kehl
Oberkirch
Offenburg
Lahr
Hausach
Schiltach
Homberg
Triberg
Emmendingen
Waldkirch
Villingen
Breisach
Freiburg
Donaueschingen
Donau
Meßkirch
Pfullendorf
Staufen
Todtnau
Neustadt
Engen
Stockach
Müllheim
St. Blasien
Singen
Überlingen
Zell
Markdorf
Meersburg
Konstanz
Schopfheim
Lörrach
Waldshut

šwīχə(r)doxd(ə)(r),
-dōxdər

SNBW V/88

DWA 6, 6

DWA 6, 6

sōns-

-frau

-frǫi

šwīg(ə)r-,
šwīg(ə)rdōxd(ə)r,
-tōxd(ə)r,
-doxd(ə)r
(u. ä.)

sūns-,
sūns-
frau

šwig(ə)rtēxt(ə)r,
-töxt(ə)r (u. ä.)

šwīgər-
toxdər

SDS IV, 148

mīn sō si frā
əm sū̜ si̜ŋə frǭ
əm/ǫm sū̜ si frau
ām sū̜ si frou̯
i̜m sōu si frəu
i̜m sǭ/sōn si(ni̜) frau
im sū̜(n) si(n)(ə) frau
im bū̜ə sin frau
i̜m iuŋə si frau
ęm iuŋi̜d sini̜

sūnin
sinin
sēni̜n
sēni̜n
sōnə
sēnə
sęnə
si̜nə

sūnəri
sēnəre
sēnɒre, -ē̃-
sēnɒri
sīnərə, -ī̃-
sīnəri
sinɒri
sīnɒn, -ī̃-
sūnɒn
sīnə̃rn
sīnərn

sōnsfrau, -ǭ-
sōnsfrā, -ǭ̃-
sōnsfrou
sōnsfröu̯
sōnsfrǫi
sūnsfrau, -ū̜-
sūnsfrou
sūnsfrǫi, -ū̜-
sūnsfrai
sū(n)sfrā
sūsfrau, -ū̜-
su̜nsfrau
sunsfrǫu

šwīg(ə)rdōxd(ə)r, -tōxdər
šwīg(ə)rdoxd(ə)r
šwīχə(r)doxd(ə)(r), -dōxdər
šwījərdōxd(ə)r, -doxdər
šwījə-, šwijədoxdə
šwei(ə)r-, šwęiərdōxd(ə)r, -ǭ-
šwig(ə)rdōxd(ə)r, -tōxtr
šwig(ə)rdoxdər, -toxtr
šwi̜gərdōxər
šwirɒdōxdɒ

šwig(ə)rtöxt(ə)r, -tȫxt(ə)r
šwig(ə)rtēxt(ə)r, -tēχtr
šwigərteχtər
šwig(ə)rdētr, -tētr
šwīgrtēχtr, -ī̜-

šwīgər
dōxdər
doxdər
šwęgəri̜
šwögəri
sūnsdoxdr

TS

über einem Haus‘. – Vgl. *Boden 3, Bühne 1b.* – DWb. 10/1, 1500 (*Söller*); Fischer 5, 1436 (*Soler*); Pfälz. 6, 153 (*Söller*); Schweiz. 7, 783 (*Soller*).

sol ‚wohlfeil‘ → *b(e)sol.*

Sol-acker *sǭlagər* Gundelfgn. – m.: FlN; 1367 *an dem solacker* Roos 187; 1560 *Solacker* Freib./Bad. Flurn. I, 3, 233. – Zu → *1 Sol.*

so-lang(e) *soulaŋ* O.scheffl., Rapp.; *soloŋ* Sandw.; *soláŋ* Auenhm; *soláŋ, -a-* Gengenb., Stahrgn. – Konj.: ‚für die Zeit, in der ...‘ Meis. Wb. 156b, G. Müller 35; *sou laŋ as ər dō iš* Roedder Vspr. 528b; *soláŋ ąs íχ im fərάin bịn* ‚in der Zeit, in der ich im Verein bin‘ 1932 Gengenb.; *des iš šǫ, solaŋ as i wǫəs* ‚... solange ich Erinnerungen habe‘ Staedele 58; *i blīb dǭ, solaŋ as i will* eb.; *eχ blī thǭm, soláŋ s rāit* ‚ich bleibe daheim, solange es regnet‘ Meng 294; *Grums un hüül, solang 's der g'fallt, i cha der nit helfe!* Hebel 6, 70; *D'r Hansili het, solang dia Wibslütt noch z'Pedersdhal gsi si, immer un immer widder sini Sprüchle hersage müesse* Ganther Stechp. 138. – Weiteres → *ankommen 1, turnieren 1c, Feldgeschrei, hochzeiten, kleben 2a, Leitseil, Mann II abb, nägen, schmieden, Schnitt 1b*; vgl. *alle-, derweil 3, während.* – DWb. 10/1, 1427; Pfälz. 6, 147; Südhess. 5, 1065.

Sol-bad *soulbād* Rapp.; Pl.: *-bēdv* eb. – n.: ‚Heilbad mit salzhaltigem Wasser‘ Meis. Wb. 156b. – Zu → *Sole.* – DWb. 10/1, 1427; Südhess. 5, 1065.

Sol-baum *sōlbǫum* Reichenb. (Hornbg); *solbaum* Yach; *solbōm* Gremmelsb., Schonach; *sōlbǫm* Schönwald, Urach; *sǫlboum, sōlbåm* Neuk.; *sōləbaum* Schollach. – m.: ‚Haustragbalken, Querbalken an der Decke der Stube‘ 1895 Welschensteinach, Fleig 135, M. Braun 148, Krupp-Kleiser 166, H. Schilli 56. 65. 122, Zarten/Mein Heimatl. 1932, 135; *des hät sole e ganz bsunderi Ur gäi, häne un däne am Sôlbom e Ziferblat un do newedra in dere hôle Wand inë s Urwerik mit Viertl un Schtund* O. Fwglr 20; Balken wurde von Hand beschlagen, gesägte Balken taugten nichts St. Märgen/Schulheft 1968, 35; zwischen Decke und *S.* werden Briefe/Karten aufbewahrt, Kleider werden an im *S.* steckende Holznägel gehängt Elzach. – Mhd. *solboum.* – Vgl. *Durchzug 3, Stube(n)träger.* – DWb. 10/1, 1408 (*Sohlbaum*). 1427; Els. 2, 44; Fischer 6/2, 3124; Schweiz. 4, 1245.

Sol-berg m.: FlN, Bergname Lautenb. (Rench), amtl. Schreibung *Sohlberg*; 1196 *Solberc* Krieger 2, 1020; 1564 *Solberg* eb.; *d' Holzmacher vum Sohlberig* Bad. Heim. 1935, 466; *E Himm'lfahrtsdag isch hinder em Sohlberg rufg'schlupft, wia 's nit ball widder ein gä wurd* Ganther Stechp. 30. – DWb. 10/1, 1408 (*Sohlberg*).

Sol-brunnen *sōlbronə* Ettlgn. – m.: FlN, Quelle bei einem → *1 Sol 1*; 1614 *Acker im Sohlbronnen* E. Schneider Ettl. 2, 183; 1790 *im Solbronnen* eb.; 1869 *Soolbrunnen* eb. – DWb. 10/1, 1427; Fischer 5, 1433.

solch *seli* vereinzelt Ortenau, verbr. Kaiserstuhl bis Baar, Hegau; *söli* Ottersw., Freib., Wolfenwlr, Staufen (Breisg.), mancherorts ob. Markgräflerland, Zell i. W., Weiler (Vill.), Ühlgn, Singen a. H., Stockach; *selig* O.schopfhm, Schuttern, Weisweil (Emm.), Forchhm (Emm.), Sasb. (Kaiserst.); *selį* verbr. zwischen Breg und Wutach, Baar bis Hegau, Gegend um Stockach; *sele* mancherorts Baar, Messk., Liggersd., Stockach; *sölį* Vögishm, mancherorts Hotzenwald, Klettgau; *sǫ̈li* Lörrach, Wehr; *seliχ* Sunthsn. – Pron.: **1) a)** ‚derartig‘; in der Mu. selten, dafür eher → *sonig, sotig* (vgl. auch → *so I3a.b*); 1470 *so söllen wir unverzogenlich züsamen keren an sölich stett* Überl. Stadtr. 144; 1707 *auf solch obigen Fahl* eb. 631; 1711 *von solchen vogeln kommen solche eijer* Elis. Charlotte/Lefevre 344; *Bei solche Fäll da is mirs immer leid / Daß ich keiñ Mediciner worde bin* Nadler 138; *solχə* (selten) Joos 114. – **b)** auf die Intensität hinweisend ‚so stark/groß‘; *seliχni šmærtsə* ‚große, schreckliche Schmerzen‘ Sunthsn. – **2)** Adv., steigernd ‚sehr, ziemlich, besonders‘ Schwendemann Ort. 1, 187, A. Müller 2, 106, Glattes 20, Beck 148. 172, Meis. VW. 37, W. Schreiber 29, Joos 122, Vögishm/Alem. 25, 112, Hegau/Der Hohentw. 1924, 74; mit folgendem Adj.: *seli groß* Kramer Gutmadgn 272, ähnlich Riedern a. W.; *sölli guet* ‚recht gut‘ Weiler (Vill.), ähnlich Stockach; *selli scharf* Gamsh.; *seli gšīd* ‚sehr gescheit‘ Sunthsn; *'s isch sǫ̈li finschter* Schäuble Wehr 137; *dussá ísch-s seli ghald* ‚draußen ist es ziemlich kalt‘ Noth 475, ähnlich 1943 Neusatz; *s iš gār nįd so seli wārm* Burkart 27; *s isch bigoscht selli heiß* ‚es ist in der Tat sehr heiß‘ Meier Wb. 139, ähnlich Dorn 62; *s iš selį drugə* ‚sehr trocken‘ Weiss 355; *dr isch selli gelährig* Reute (Emm.); *sisch freili nit gar sölli schün* A. Schreiber 34; *e selle gizigs Burgfralein* ‚ein sehr geiziges Burgfräulein‘ 1934 Hornbg (Schwwaldb.); *bischt aber seli schpòòt draa* Ellenbast 65; *d Schdrǫs isch blatzwies selli gladd gsi* ‚die Straße war stellenweise sehr glatt‘ Meier Wb. 36; *(de Hǭgemā) het ... e selli dicke Hǭgestecke* ‚der → *Hakenmann* hat einen sehr dicken Hakenstock‘ St. Märgen/Schulheft 1968, 23; *Sie sin awwer no nit sölli witt vum Rennbaimli eweg gsi* Ganther Stechp. 32; *O, wie spīlsch so sölli ungschickt!* Hebel 6, 169; *Drum isch si jetz so sölli müed* eb. 10, 43; *s iš mər it seli wōl* Stahrgn/Ochs-Festschr. 254; auch elliptisch mit zu ergänzendem ‚gut, wohl o. ä.‘, nur negiert: *nitselli* ‚nicht besonders‘ Schmider KK 82; *ned selig* ‚nicht so recht‘ Schuttern; *'s isch nit sölli* ‚es ist nicht so, wie es sein soll‘ Wolfenwlr, ähnlich Ballrechten; *s gehdmr nid áso seli* ‚es geht mir nicht so gut‘, mancherorts veraltet Noth 475; *siht am Pfarerhuus / de Gartehaag nit sölli uus* ‚(es) sieht am Pfarrhaus der Gartenzaun nicht so gut aus‘ Jung Brägel 49; mancherorts flektiert: *e selliki fliisigi frai* ‚eine sehr fleißige Frau‘ O.schopfhm; mit Adverb: *am hofəršt dobə šnaits halt seli glii* C. Haag 131; *des wort sele fill khoštə* ‚das wird sehr viel kosten‘ eb. 120; *im Afang hät mër it seli fil derno gfrôgët, awër mit dr Zit ...* O. Fwglr 16; *seli weng* ‚sehr wenig‘ Worblgn; mit Verb: *selik gwųndrt* O.schopfhm/ZfhdMu. 1, 345; *əs reidə selį* ‚er bereut es sehr‘ O.simonswald; *s hät mi sêlli gfrait* ‚es hat mich sehr gefreut‘ U.ibent., ähnlich Kirner 118, C. Haag 131; *mi lebdig het mi nüt so sölli g'freut* A. Hermann 19; *s duèd seli wee* Fleig 134; *jo frili, gar selli duät er* (der Fuß) *mer no weh* Siegelau/Alem. 25, 62; *er mos halt seli schnufä* J. Heizmann 16; *der nochber het hütt sölli gschafft* Dorn 79; *Des heddig sich doch selli in d Lengi zoge ...* Gütenb.; *s het selli üsgä* ‚es war sehr ergiebig (z. B. die Kartoffelernte)‘ Meier Wb. 139; *zwar schdrudlät 's Wasser sellig* Forchhm (Emm.)/ZfhdMu. 1, 164; *mer hen en selli gfiecht, de Beddzitglunki* ‚wir haben ihn sehr gefürchtet, den Betzeitglunki (eine Schreckgestalt)‘ St. Märgen/Schulheft 1968, 14; *gar selle klopft mii Herz* A. Maier 14; *Im Jörg het d'r Schobbe sölli g'schmeckt* Ganther Stechp. 10; *sel hät d Adeli it seli wêle ...* ‚das wollte Adeli nicht so recht‘ O. Fwglr 16; *mə hępme net sele klopt* ‚man hat mich nicht sehr gelobt‘ Kirner 118; *nit so sölli briegge* ‚nicht so sehr weinen‘ Albrecht hs.; in adjektivischem Gebrauch (selten): 1833 *gar kon selliga Gruaß* ‚kein rechter, guter Gruß‘ Baar/Haffner polit. 5. – **3)** Adj. ‚arg, schlimm, schmerzlich‘ Schwendemann Ort. 1, 187; *des iš seljk* Weiss 355; *dēš ets ǫu söli!* ‚das ist aber arg!' W. Schreiber 29; *dešt sele ksē* ‚das ist schmerzlich gewesen' Kirner 118; *š hǭvmwē iš sele* ‚das Heimweh ist schlimm' eb.; *des išd do seli fər des ārm wīb* ‚bedauerlich, traurig' Sunthsn; *sẹl iš əm seli gsi* ‚das war ihm arg, tat ihm leid' 1973 Neust., ähnlich Kramer Gutmadgn 272, Hattgn; *s isch im selber seli* ‚er bereut es' J. Heizmann 16; auch substantiviert: *š iš ẹpəs seleš mi tẹm meitle* Kirner 118. – Mhd. *sol(i)ch, sölch*. Die ursprüngliche Bed. 1 scheint in unserem Untersuchungsgebiet weitgehend durch *sonig, sotig* u. ä. abgelöst worden zu sein, während die adverbiale, steigernde Bed. 2 durch Bildungen wie *solche* (große) *Schmerzen* begünstigt wurde und letztlich zu adjektivischem Gebrauch (Bed. 3) geführt hat. Vgl. hierzu auch DWb. 10/1, 1428. – Weiteres (in Auswahl) zu Bed. 1a (nur historische Belege) → *ablegen 5b, allein 2, ansehen 3, Bere, tagen 1a, Versäumnis, knasteln, Liedlöhner, Mahl 1, Schulzehnt;* zu Bed. 2 → *And 1, dusma, einrichten 3b, grausen 1, halten 5e, hinderlich, hineinhauen, hoch 4a, Kriesenstreifen, langweilen, mögen BII2, nebendauß 3, Sauerklee, schenieren 1, schläferig 1a, schlecht 2e, II schleifen 2, Schottele, seinerzeit, Seppe;* zu Bed. 3 → *Maskere*. – DWb. 10/1, 1427; DiWA III-3, 409; Els. 2, 350 (*sellig, sollich*); Fischer 5, 1438 (*söllich, sol(i)ch*); Pfälz. 6, 147; Schweiz. 1, 776. 7, 785 (*solich*).

Sold m.: ‚Entlohnung, Bezahlung' Sandw., Reute (Emm.); 1470 *und sust kain sold* Überl. Stadtr. 144; 1507 *gab in der king von Franckrich jethlichem Schwitzer trig sold* Hug Vill. Chr. 30; 1520 *das dhein vogt vormund oder pfleger / ... / dhein sold heyschen oder empfahen sol* Freib. Stadtr. 52b; 17. Jh. *gleich andern centverwandten mit schatzung, sold, türken- und dergleichen steuern belegt* Bad. Weist. 2, 145. – Mhd. *solt* ‚Lohn für geleistete Dienste'. – Vgl. *Besoldung, be-, versolden*; vgl. *Dienstgeld*. – DWb. 10/1, 1433; Fischer 5, 1434; Pfälz. 6, 147; Schweiz. 7, 850; Südhess. 5, 1065.

Soldat *soldād, -t* verbr. im gesamten UG; *soldād* Werthm, Plankst.; *soldōd* Oftershm; *soldā* Lenzk.; *saldǭd* mancherorts Taubergrund; *saldād* Handsch., Graben, Ottersd., O.schopfhm; *svldād* Plankst.; *sẹldād* O.-scheffl.; Pl.: *soldādə, -tə* verbr. im gesamten UG; *sẹldādə* O.scheffl.; *säldādə* Offenb.; Formen mit *a* in der ersten Silbe sind als ältere Formen gemeldet. – m.: **1)** ‚Angehöriger des Militärs, wehrpflichtiger Mann' Platz 299, Heilig Gr. 31, Lenz Wb. 66a, Liébray 276, Graben/Umfr., Ruf 35, Heimburger 216, Schwer 39, Beck 75. 227. 232, Kirner 295, Joos 149; 1602 *so lang die vom rat und die vier von der gemeind zue Heydelberg zue kriegszeiten selbsten keine soldaten in ihren haüssern haben* Neuenhm/Bad. Weist. 2, 226 (Anm. 1); *vr iš bai də soldādə* Meis. Wb. 155b; *Soldadv divn üssruckv* Reute (Emm.); *wo-n-i soldā gsi bį dųnə* ‚als ich Soldat gewesen bin drunten (d. h. in Freiburg)' Ketterer 42; *hī bai uns mus mər sẹldāt blaiwə, sou laŋ wi mər sauərmiliχ baisə khān* Roedder Vspr. 529a; *„Geh ins Welschland, loß dich werwe als Saldat!"* Nadler 153; *Du bisch m'r e nedde Soldat, du!* Ganther Stechp. 51; *Die brave Soldate han ich no / mit Trumpete un Pauke un Ehrechränzen ins Land gfüehrt* Hebel 49, 39; Lied: *Do drowwe uff'm Bergl do steht en Soldat / der frißt mit der Dreckschipp Kartoffelsalat* Schick 77; Kinderspruch: *s kumme drei Soldate, sie klopfe an dr Lade, froge wu dr Vadder isch ...* Noth 421; *s chumme zwei Soldäteli, / Si chlopfet an e Lädeli / Und frǭget wo der Mā isch. - / Im Wirtshūs, im Wirtshūs / Er trinkt alli Gleser us; / Z nacht chumt er hāim, / Er stolpert übere Stein. / D Mutter holt s Nudlebrett / Un haut em s halber Füdle weg* 1931 Degernau; Ra.: *Witt vum Schuß gitt aldi Soldate* Schmider KK 2, 44; ähnl. Schäuble Wehr 34 sowie unter → *Geschütz, Krieger 1, Schuß 1*. – **2)** in Kinderspielen. **a)** ‚Figur in einem Ballspiel' Werthm; vgl. *Kurfürst 2*. – **b)** ‚Spieler in dem Spiel „Der Kaiser schickt Soldaten hinaus"' Friesenhm, Schwarz 138; vgl. *Kaiser 1*. – **c)** Begleitrufe zu dem über eine Wasseroberfläche hüpfenden Stein s. unter → *Edelmann 2d, Vater 1bγ*. – **d)** ‚Kreisel, Tanzknopf mit 5 Rillen'; *Mei, was selli Buewe fir ä Graddl* (→ *Grattel 2*) *ghet hänn, selli wo numme Soldätli zum Danze brocht hänn!* Brucker Da. 12; vgl. *Scheibenhopser, Steinbock*. – **3)** ‚rotschwarze Feuerwanze', vgl. *Dragoner 3*. – Aus it. *soldato*. – Weiteres → *ablegen 5b, abwimmeln, Bettler 1, Pfaffe 1d, Pulver 3, Danzig, taugen, der 1ib, Dieb 1, vergebens 2, Gattung 1, Getrommel, Haustür(e), I mausen 2a, I Meß 1a, Militärpaß, Musik 1a, morgen B, Orkel 2, I Rotte 1, Scherenschleifer, Schnaps 1, selt 1a*; vgl. *Blei-, Trän-, Feld-, Halb-, Kriegs-, Stadt-, Zinnsoldat, Herrgotts-, Manöversoldaten*; vgl. *Söldner 1*. – DWb. 10/1, 1436; Els. 2, 354; Fischer 5, 1434. 6/2, 3124; Pfälz. 6, 147; Schweiz. 7, 855; Südhess. 5, 1065.

Soldaten-galgen m.: FlN Freib.; 1791 *Soldatengalgen, -hochgericht beim Pfauen auf der Glacis* H. Wirth Flurn. Freib. 59. – DWb. 10/1, 1440; Fischer 5, 1435.

Soldaten-gottesacker m.: FlN Riedern a. W.; ein Ort, an dem zur Zeit der Freiheitskriege hunderte Soldaten begraben wurden, die aufgrund einer Seuche verstorben waren Künzig 124f.

Soldaten-himmel *soldātəhiml* Freib. – m.: Name für den Alleegarten, die → *Hochallee* in Freiburg, wo sich die Soldaten der Rempartkaserne gerne mit ihrem → *Schatz 2a* aufhielten A. Müller I, 107, Oberrheinische Heimat 1941, 395. – Vgl. *Garten 3b, Himmel 8*.

Soldaten-knöpfe *soldādəgnebf* Freib. – Pl.: ‚verkrustete Knöchel der Hand', wurden von den Schulbuben während des Krieges absichtlich wund gerieben mit dem Ziel, die schönsten Krusten zu haben 1919 Freib.

Soldaten-mixtur f.: ‚lösendes, lakritzhaltiges Hustenmittel, Elixir e succo liquiritiae bzw. Mixtura solvens', wurde beim Militär viel verordnet Arch. Pharm. 1922, 153. 159, Zimmerm. hs. 284. – Vgl. *Löstropfen*.

Soldaten-schnur f.: wohl verhüllend für ‚Soldatenhure' in dem Spottlied: *Macharettle* (Margaretle), */ Silbers Kettle, / Routi Hor* (rote Haare), */ Saldotteschnorr* Pülfrgn/Alem. 21, 203.

Soldaten-tod m.: ‚Tod auf dem Schlachtfeld'; *Du willscht mer vum „Soldadedodt" was sage? / Is deiñ Herr Vorfahr aa vielleicht drañ gschtorwe?* Nadler 62. – Weiteres → *Bettelbrot*. – DWb. 10/1, 1443.

Soldaten-trost m.: Bezeichnung für die Breisgauer Zeitung hinsichtlich ihrer deutschnationalen Tätigkeit im Ersten Weltkrieg 1931 Freib. – Vgl. *Landsturmtrost*. – DWb. 10/1, 1443.

Soldaten-veilchen → *Totenveilchen 1*.

soldät(er)len *soldātlv* Reute (Emm.); *soldẹ̄dlə* mancherorts ob. Markgräflerland; *sǫldātərlə* Wehr; Part.: *gsǫldātərlət* eb. – schw.: ‚Soldat spielen, mit Figuren Militärisches nachspielen' Glattes 16, Schäuble Wehr 71; auch tadelnd im Hinblick auf Erwachsene: *Wenn sie aber soldätle, und haue und morde enander, / ... so wirds eim schwarz vor den Auge* Pfarrer Schneider 36. – Vgl. *versoldäterlen*. – DWb. 10/1, 1439; Els. 2, 354; Schweiz. 7, 856.

Soldät(er)les *soldēdərləs* Werthm, Karlsr.; *saldǭdẹlis* Taubergrund; *soldēdvlis* Adelshm; *sẹldādəliš* O.scheffl.; *soldātiləs* Rapp.; *soldādəls* Heidelbg; *soldẹ̄t(ər)ləs* eb., Freib.; *soldādəs* Zaisenhsn; *soldẹ̄dləs* Kappelwi., Offenb., Schiltach, Tribg und Umg.; *soldẹ̄dərlis* mancherorts ob. Markgräflerland; *sol⁻dẹ̄tilis* Singen a. H.; *soldātət(s)lịs* Liggersd., Überlgn a. B.; *soldẹ̄tətlis* Radolfz.; *soldẹ̄tleds* Konst. – n.: ‚Kinderspiel, in dem Militärisches nachgeahmt wird' Platz 299, Heilig Gr. 27, Meis. Wb. 155, Burkart 126, Glattes 21, Ellenbast 67, Joos 236, Überlgn a. B./Bad. Heim. 1936, 186, Schiltach/Orten. 1967, 174; oft in festen Wendungen wie *S. mache* Offenb., Fleig N. 17, W. Schreiber 24 oder *S. spiele* Karlsr./Bad. Heim. 1916, 186, Heidelbg/eb. 1917, 180; *welə mə̄r sẹldādəliš šbīlə?* Roedder Vspr. 529a; veraltet: *s. daū* eb. 551. Sprichw.: *Wenn die kleinen Buben „Soldätles" spielen, ... so giebt es bald Krieg* Hansjak. Jug. 2, 226; als Ausdruck des Misstrauens gegen Militärisches auch auf Erwachsene anwendbar Burkart 126. – Vgl. *Kriegerle(n)s*. – Els. 2, 354 (*Soldates*); Pfälz. 6, 148 (*Soldatchens*); Schweiz. 7, 856 (*Soldatens*); Südhess. 5, 1066 (*Soldatches*).

Soldätis n.: Kinderspiel, dass. wie → *Soldät(er)les; soldädis maxẹ* Beck 106. 169, ähnlich Reute (Emm.).

Sölden *sail(ə)də* so u. ähnlich Ebrgn (Freib.), Au (Freib.), Sölden, Biezighfn, Ehrenstet., Bollschweil, O.münstert., Hofsgrund; *seldə* Grunern u. ö. im Breisgau. – ON: Dorf südl. von Freiburg; 860 *in villa Selidon* Krieger 2, 1020; 1201 *Selda* eb.; 1352 *Seilden* eb.; 1525 *Seylden und Ow* eb. 1021; 1694 *herr zue Auw, Sölden und Amoltern* eb.; die Bewohner sind die *säildəmər* Bollschweil bzw. *saįldər* O.münstert. – Zu ahd. *salida, selida* ‚Haus, Hütte, Wohnung'. Die mu. Formen *sailədə, saildə* führt Ernst Ochs in Neuphilol. Mitteil. 1948, 133–135 auf eine alte Form *seilidon* zurück, deren Ursprung er in *salidōn* oder *selidōn* sieht.

† **Sölden-buch** n.: ‚Verzeichnis eingezogener herrschaftlicher Abgaben'; 1667 *darüber ein absonderlich söldenbüechlein halten* Neudenau/OStR. 1022.

† **Sölden-meister** m.: ‚Beamter zur Einziehung herrschaftlicher Abgaben'; 1667 *welches die darzue bestellte söldenmaister uff Martini ... mit dem kleinen meeß gemeßen eintreiben* Neudenau/OStR. 1022.

Söldner m.: **1)** ‚gegen Bezahlung (→ *Sold*) angeworbener Krieger/Soldat'; *šbānįšə söldnɒ* 2010 Herrischrd. – † **2)** ‚(bewaffneter) Stadtknecht, Polizeidiener'; 1616 *alles das tuen und handlen, das einem getrewen söldner und einspening* (→ *einspännig 2b*) *zuesteht* Neuenb. Stadtr. 124. – **3)** FN, Nordbaden Dreifuss FN Jud. 103. – Mhd. *soldenære, soldener* ‚der gegen Sold dient, Soldkrieger'. In der älteren Sprache häufig orthographisch vermischt mit → *Seldner 2* ‚Kleinbauer' (vgl. DWb. 10/1, 514 u. Fischer 5, 1435). – Vgl. *Doppelsoldner*. – DWb. 10/1, 1446; Els. 2, 354; Fischer 5, 1435; Schweiz. 7, 860.

Sol-dobel m.: FlN Günterst.; ca. 1749 *Sohldobel* Bad. Flurn. I, 3, 233; dazu 1832 *Soldobelbach, -weg, -straße* eb. – Zum Grundwort s. → *Dobel*.

Sole *soulə* Rapp. – f.: ‚Salzlösung' Meis. Wb. 156b. – Mhd. *sul, sol* ‚Salzwasser, -brühe'. – DWb. 10/1, 1447.

so-lei(nig) *sōlai, sōlainig* Tribg, Schutterwald, Freiamt, Ottoschwan. – Adj.: ‚solcher Art, solcherlei' Fleig 135; *sōlai brešdə kinə mr gšdōlə blībə* ‚solche Krankheiten können mir gestohlen bleiben' Freiamt; auch in flekt. Form verwendet: *soleier* Braunstein N 1, 13; *I wodd kei sonigi Underhose, i wodd liawer ä soleinigi!* Meier Wb. 141; häufig nicht attr., alleinstehend: *ä soleinige, -i, -s* ‚solch einer, eine, eins' eb. – Grundwort zu → *I Lei*. Die durch *-nig* erw. Form ist viell. in Anlehnung an → *sonig* entstanden.

Solen-maierhof m.: Hofname in Krumb. (Messk.)/Krieger 2, 1024.

Sol-felsen m.: FlN, Felsen bei Bergalingen Willargn.

I **soli** ‚Grußformel' → *salü*.

II **soli** *sǭli* mancherorts Südbaden. – Reimwort: in Kinderversen u. ä. Fleig N. 4. – Ein Zusammenhang mit Dim. von → *so* ist naheliegend. – Weiteres → *Papp(en) 1, Kohli, reiti, Schlaf 1, so 1aβ*; vgl. *nänisoli*.

solid *solīd* Rheinbisch. – Adj.: ‚gediegen', wird als nicht mu. empfunden Mahlbg/Alem. 35, 224. – Entl. aus franz. *solide*. – Weiteres → *Weinhändler*. – DWb. 10/1, 1450; Els. 2, 352; Fischer 5, 1437; Schweiz. 7, 790.

sollen unr. **A.** Formen. **1)** Inf.: *solə* überwiegend in ganz Baden; *sölə* Werthm; *sǫlə* Hemsb. (Weinh.); *son* Bietighm; *selə* Ottersd.; *sẹlə* Auenhm, Altenhm. – **2)** Part.: Im nördlichen Teil Badens bis einschließlich nördl. Schwarzwald wird vorwiegend schwach konjugiert, vgl. auch → B. I.; *gsöld* Werthm; *gsold, -t* verbr. Bauland, Bruhr., Kraichgau; *gsod, -t* Kurpfalz, mancherorts Kraichgau, Ufgau, Pforzhm, Liggersd.; *gsōd* Feudenhm; *gsẹlt* entlang des Rheins von Mörsch bis Altenhm; im Süden gilt überwiegend die st. Form *solə*. – **3)** Ind. Präs. **a)** 1. 3. Sg.: *sol* gemäß Inf. in ganz Baden, bis auf *söl* um Werthm; *sel, -ẹ-* mancherorts am Rhein von Ottersd. bis Altenhm und in Öflgn. – **b)** 2. Sg.: *soš, sošd* verbr. N-Baden (s. a. E. Bauer Kt. 22); *söst* Wenkhm; *solšd* Hettgn; *solš* Edgn, verbr. SBaden; *sẹlš, -e-* Auenhm, Legelsh., Altenhm; *sįlš* Herrischrd; *solišd, -əšd* vereinz. um Stockach. – **c)** 1. 3. Pl.: überwiegend wie Inf.; *solət* Ettlgn, Stockach. – **d)** 2. Pl.: *sod* verbr. NBaden; *sold* Hettgn, Mörsch. – **e)** 1.-3. Pl.: Einform- und Zweiformtyp *solə, -əd* in SBaden gemäß SSA III/1.009. – **4)** Konj. Präs. (kaum gebr., überwiegend wie Ind. Präs.). **a)** 1. 3. Sg.: *sod* südl. des Kraichbachs; *sōd* nördl. und östl. davon P. Waibel 96. – **b)** 2. Sg.: *soliš* Schenkenz., Schiltach. – **5)** Konj. Prät. (vgl. SSA III/1.111 u. 112). – **a)** 1. 3. Sg.: *sōd, -t* verbr. NBaden bis einschließlich Feudenhm, Östrgn, Rapp.; südl. davon *sod, -t* verbr. SBaden; daneben: *sȫld* Hettgn; *sēd* Osterburken (noch in der 1. Hälfte des 20. Jh.s üblich, während es in O.scheffl. als veraltet verlacht war), Rapp.; *sodig(t)* Offenb., Gengenb., Freiamt; *söd, -t* vereinz. südl. Markgräflerland und Dinkelberg; *sot⁻* Singen a. H. – **b)** 2. Sg.: *sōdš(d)* verbr. Kurpfalz, Bruhrain; *sōš* Handsch., Schwetzgn; *sodš, -tš* verbr. Schwarzwald, Markgräflerland, Radolfz.; *sodigš, sotigšt* Kappelrodeck, Gengenb.; *sodiš(d), sǫtiš, sotəš(t)* Schenkenz., Baar, Hegau; *södš* Neuenweg. – **c)** 1. 3. Pl.: *sōdə* verbr. Kurpfalz, Bruhrain; *sōn* neben *sōrə* Handsch.; *sotə* Pforzhm; *sodə* verbr. Mittelbaden, westl. SBaden; *sodigə* Gengenb.; *soltigɒ* Reute (Emm.); *sotət* Stockach, Konst. – **d)** 2. Pl.: *sōd* verbr. Kurpfalz, Bruhrain; *sodəd* Jöhlgn, Bietighm; *sotə* Lauf; *sotət* Lörrach. – **B.** Gebrauch. **I.** Syntax. In NBaden gelten teilweise st. und schw. Formen nebeneinander: *gsold* neben *solə* Hettgn; *solə* häufiger als *gsot* Mörsch; bei Umstellung von Subjekt und Prädikat erfolgt manchmal Verschmelzung mit dem nachfolgenden Pers. Pron.: *somǫr?* ‚sollen wir?' Rittler 125, *somǫrn?* ‚sollen wir ihn?' eb., *somǫr sə?* ‚sollen wir sie?' eb.; wortübergreifende Assimilation in der Verbindung *sobmə(r), söpme* ‚sollte man' ist in SO-Baden häufig Nübling Schrambke 312, Kt. 3a. 318, Kt. 9. – **II.** Bedeutung. **1)** ‚verpflichtet sein, etwas zu tun'. **a)** ‚durch den Willen, die Behauptung einer Person, der Gesellschaft, auch eigene moralische Vorstellungen begründet'; 1284 *Wir sun den burgeren ... ain herren geben* Vill. Stadtr. 5; *Die burgere sun ainen gebiuttel welen ...* ‚die Bürger sollen einen Gebüttel wählen' eb.; 1399 *so sont denselben ... alle ire recht ... behalten sin* Neuenb. Stadtr. 41; 1419 *wand das si rehts gehorsam sin sont* eb. 52; 1520 *so sol ma(n) inen zů̊ huß ze hoff verkünden* Freib. Stadtr. 4b; *vnd sollent allweg kindskind / mit den kinden gerechnet werden* eb. 80b; *sölərsduu?* ‚soll er es tun?' Platz 299; *də sįlš mi in ruəi lǫ* ‚du sollst mich in Ruhe lassen' Herrischrd; *duu soosch hald dsum Doggdä gää* Frei Schbr. 150; *duu sosch jeddsd schdill sei* eb.; *dii sollä blouß ea Mailä haldä!* eb.; *dea sood sou ebbäs nädd machä* eb.; *dea hodd haid kummä gsodd* eb.; *dḙr sodig əmōl kúmə* Gengenb.; *si solə dox hirǭdə* Ketterer 47; *was sol i šafə?* Meis. Wb. 155; *dii sonn aa mòòl wass schaffè* Rittler 125; *iir soddèd ball uffheern* eb.; *du sǫtiš jets nit węg gǭ* 1972 Herzogenwlr; *Ich sodd schbiéle* ‚ich sollte spülen' R. Baumann 96; *māiə söt mə s* ‚man sollte es mähen' 1971 Wies; *mr soltigɒ uf Frieburg gâ* Reute (Emm.); *dü sęlš hęmkʰumə* Meng 136; *isch måån mer soode hååm geh* Herwig-Schuhmann 114, ähnl. Ellenbast 67; *dü hadš šo lâŋ sęlə fụrd sēn* Fohrer 53; *soddè mòrn nedd zum Fäschd ejlaadè?* Rittler 125; *zwar sott i's nit sage* Hebel 39, 124; *i sōd s m dox sāgə* Meis. Wb. 155; *mər sōd s m šdegə* Roedder Vspr. 529; *isch heed hald määna Geld hawwä sollä* Frei Schbr. 150; *isch soll imma dä Dummä machä!* eb.; *es sodd doch au alles eweng Hand un Fueß haa* Gütenb.; *da si sęl įd hęd welə hā, das dū sodiš ə rād hā* ‚dass sie das nicht haben wollte, dass du ein Rad haben solltest' Ketterer 17; *ųn də fadr he gḙrn įx so dowə bliwə* ‚und der Vater hätte gern, dass ich droben bleiben sollte' eb. 43; *S buurschdet* (→ *bürsten 3*) *mit m'r, sott i gu oder sott i nįt gu* ‚ich weiß nicht, soll ich gehen oder nicht' Meier Wb. 44; *Ämm Windä sood-s hald nedd sou frii dungl wärrä* Dischinger 177; *Jetz sottsch de Herr Pfarer höre* Jung Brägel 73; häufig auch elliptisch: *des solli* ‚das soll ich' Pfrengle Harthm 91; *eχ hǭb gsęlt* ‚ich sollte (etwas tun)' Meng 302; *eχ wųr sęlə* ‚ich werde (etwas tun) sollen' eb.; *des hawi jo gsold* Roedder Vspr. 528a; *sosch doch nedd immä ...* Dischinger 178; *deer söləmool niid!* ‚der soll mal nicht (folgen)!', iron. Platz 299; *sölər miirweechə!* ‚soll er (es) meinetwegen (tun)' eb.; *dḙr sol dox au mit* ‚der soll doch auch mit(gehen, -kommen)' Neust.; *du söst glaiχ hęm* Wenkhm; *aower sölla se mer* ‚oder sollen sie mir' Mein Heimatl. 1933, 367; *was dswišə nai gsod hod* Eberb.; *Im Buur bressiert's ganz gruusig. Er sott gschwind ufs Landratsamt in d' Neustadt* St. Märgen/Schulheft 1970, 31; *M'r sodde noatwendig in's Faäld!* ‚wir sollten dringend mit der Feldarbeit anfangen' Meier Wb. 165; Ra.: *Mer sott's it glaube!* St. Märgen/Schulheft 1970, 23; *mɒ sōd mānə* Meis. Wb. 155, ähnl. Roedder Vspr. 529; *Dere sott me emol 's Hirni boppere* als Kommentar, wenn etwas Unmögliches behauptet wird Markgr. 138; iron.: *überāl sęt i sī, ųn wo-n-i bį įš nüt* Schäuble Wehr 37; *Mä sood ä månnichs nedd unn mechds hald doch* Dischinger 177. – **b)** ‚in der Sache bzw. den Umständen, Verhältnissen, durch höhere Fügung begründet'; *So e Deller Mehlsubb sodd de ganz Dag aahewe* Burkhardt 1; *sod ald hais wasr ha, da mr s glī khan brįejə* ‚es erfordert heißes Wasser, dass man es gleich brühen kann' Ketterer 24; *mier isch heit nät, wi's soi soot* ‚ich fühle mich nicht recht wohl' Humburger 157; Ra.: *s-hęd ned sęlə sēn* ‚es hat nicht sollen sein' Fohrer 53. – **2) a)** ‚zum Ausdruck eines Wunsches'; *Ea sodd so guud sei ...* ‚seien Sie bitte so gut ...' Frei Schbr. 150; *... si solle doch so gued sii ...* Strube Täik 26; *'s ganz Huus mit Hut un Hoor / Soll trüeije wie n e Moor* Baum Dipfili 5. Weiteres hierzu → *Bergwerk, beschirmen, Fieber 2, I Mauer 1, Sauglück, Segen 1a*. – **b)** ‚zum Ausdruck einer Verwünschung, eines Fluchs'; *dr dęifl sęl nə hōlə* ‚der Teufel soll ihn holen' Meng 188; *dū soš di greŋk* (vgl. → *Kränke*) *grīɣə* Rohrb. (Epp.), ähnl. Roedder Vspr. 528a. Weiteres hierzu → *Peter 1c, pfetzen 1a, purgieren, Butter 1, Teufel 1, Donnerheide, -wetter, Ente 1a, verrecken 2, Grimm, Gucksel, Maus 1, Not 3, Rad 1a, Recher 1, Schlag 3d*. – **3)** ‚zum Ausdruck der Annahme, des Hörensagens'; *spanien solle großere resourcen alß franckreich haben* Elis. Charlotte/Lefevre 175; *ich solte meinen daß der czaar pettersburg solte gebawet haben weillen es seinen nahmen führt* eb. 176; *den er mögte woll eine von den 7 damen gefunden haben, so ihm ein pressent geben hette, wo von seine gemahlin sich lang übel befinden solte* eb. 180; *dəs sol daĩ brūdɒ saĩ?*, in Bezug auf ein Bild gesagt Meis. Wb. 155, ähnl. Roedder Vspr. 529; veralteter Gebrauch des Konj. II: *„I woddigt awer ni(e)t, ass i soddigt ebbis g'sait hoa!"* „„Ich möchte nicht, dass mir nachgesagt wird, dass ich etwas gesagt habe!"", Titel eines Buches von Fritz Meier Freiamt/Meier Wb. – Ahd. *scolan*, mhd. *soln*. – Weiteres (in Auswahl) → *abbrennen, I aber 1, absetzen 6, alsdenn, anpacken, Beschluß, Bettelmann 1, Pfand 2, II Biß, I Bock 7, daneben, Dank, dergattig 2, Traube 1, trauern, dritte, Düppel 1b.c, er 2aβ.γ, einladen 2, verunehren, fleißig 1, Frau 4a, gären 2, Granit 2, greifen, Igel 1, Johannistierli, Kaffee 1, I Keller 1, Kessel 2b, Kind 1a, Kirchweih, klutterig 1, Knecht II3a, krachen 2c, lampen 1, lassen B2a, Lauser, leben 2, Leichensagerin, leiern 1d, luren, Mama, Markt 1, mild 1, Musik 1b.c, nehmen 3b, Nordpol, rampeln, raten 1, recht 1c.d, I Roß 1, rügen 1, Sack 1a, sagen, Salz 1, Sau 1a, Sausiech, I schaffen 1a, schämen 1, Scheibe 1e, Schenke, Schlenz, schnaufen, Schuh 1, schweigen, I sein B2a, II sein B1, Strohhalm, wissen*. – DWb. 10/1, 1452; Els. 2, 352; Fischer 5, 1437. 6/2, 3125; Pfälz. 6, 149. Kt. 352; Schweiz. 7, 770; SDS III, 89; Südhess. 5, 1068.

Söller, Soller ‚Dachboden' → *II Sol*.

solli ‚Grußformel' → *salü*.

Söllingen *séliŋə* Karlsr., Hügelshm, Greffern. – ON: **1)** Dorf im Pfinzgau, östl. von Karlsruhe; 1291 *Seldingen* Diemer ON 60; 1390 *zu Seldingen in dem dorffe* Krieger 2, 1025; Neckvers auf die Bewohner s. → *Furz 1*. – **2)** Dorf südwestl. von Rastatt, heute Teil der Verbandsgemeinde → *Rheinmünster*; 1382 *Selingen daz dorff* Krieger 2, 1026; *uf seliŋə nuf* ‚nach Söllingen hinauf' Hügelshm; Neckvers: *Schifti* (→ ‚Schiftung') *isch die gröschte Stadt, Söllinge(n) isch der Bettelsack, ...* Hessische BlVk. 1908, 193; Necknamen für die Bewohner: → *Hetterich* und *Hartbummer* (vgl. → *Hardbümmerle*) 1975 Greffern.

Söllinger m.: **1)** ‚Einwohner von → *Söllingen*'. – **2)** FlN Sprant., nach dem Inhaber benanntes Garten- und Ackerland; 1539 *garten vnnd acker am Sellinger* E. Schneider Spr. 306; 1727 *im Söllinger* eb.

Solo *sōlō* Etthm u. ö.; *sōlə* Horben. – m., n.: **1)** ‚musikalischer Vortrag einer Einzelperson' Kramer Gutmadgn 276; *ɒ Solo singe* Reute (Emm.), ähnlich 1955 Hausen i. T. – **2) a)** ‚Alleinspiel gegen die Mitspieler im → *Zego*' Kramer Gutmadgn 276, Ochs-Festschr. 295ff. 300; „einen Solo melden" nennt man dessen Ankündigung eb. 295; dass. mit *furt-Solo* in Radolfz./Ellenbast 21; *jeds šbīlt dḙr sōlō* 1955 Gausb.; Dim.: *sélį̄lį* ‚schwaches *S.* mit wenigen Trümpfen, das leicht verloren geht' 1910 Etthm, 1951 Pfaffenwlr (Freib.). – **b)** ‚Alleinspiel in anderen Kartenspielen' Horben/Eckerle hs.; „der einfache *S.*" im → *Spitzsolo* O.-, U.münstert. – **c)** ‚ein (nicht näher bestimmtes) altes Spiel' 1933 „Unterland". – Weiteres → *schinden 3b*; vgl. *Herz-, Spitzsolo*. – DWb. 10/1, 1506; Fischer 5, 1439; Pfälz. 6, 153; Südhess. 5, 1069.

Sol-tal *söld/* Bahlgn. – n.: FlN; 1332 *ze Soletal* Roos 187; 1436 *ze solental* eb. – Zu → *I Sol*.

Sombrero *sombrēro* Schopfhm. – m.: ‚Filzhut mit auffallend breiter Krempe‘ 1935 Schopfhm. – Entl. aus dem Spanischen.

Söme ‚Blütenstand der Rebe‘ → *Samen 1d.*

Sommer *sụm(ə)r, -u-* verbr. in ganz Baden; *sụmɒ, -u-* Kurpfalz, Kraich- und Pfinzgau, Mörsch, Plittersd., mancherorts nördl. Schwarzwald; *sọm(ə)r, -o-* um Pforzhm, mancherorts Hanauerland, um Gutach (Schwwaldb.), mancherorts an der Donau, Aach-Linz, Jestet.; *sụmə, -u-* Jechtgn, Vöhrenb., Herdwangen, Gailgn, Höri; *sụm̄(ə)r, -u-* Bleib., St. Märgen, verbr. Baar, Hegau, Bodanrück, mancherorts südl. Hotzenwald, Linzgau; *sụ̃m(ə)r* Herdern, Breitnau, Heinstet.; zur Evidenz von Geminaten vgl. Nübling Schrambke 310. 318; Pl. wie Sg. – m.: wie nhd., ‚die warme Jahreszeit‘ Platz 300, Heilig Gr. 97, Roedder Vspr. 529a, Liébray 276, Lenz Wb. 66a, Meis. Wb. 157a, O. Sexauer 109. 123, Baur 63f., R. Baumann 97, Fleig 135, Ruf 42, G. Maier 161, Schwendemann Ort. i, 182, Schulze 39, Klausmann 49, Twiste 31. 56, Beck 198, Kirner 53. 487, Joos 130, Möking 14, Zaisenhsn/Zfd Mu. 1907, 272, Ottersd./eb. 1914, 344, O.weier (Rast.)/eb. 1916, 284, Rüsswihl/Mein Heimatl. 1937, 204; 15. Jh. *Item der Dur der jung und sin huswirtin hant geseczt I sumer herter frucht* Steinmauern Seelbuch/Freib. Diöz. Arch. 2001, Nr. 34; 1819 *Nimm ... die grünen Köpflein von den Birken im Sommer* Arzneybuch Bierbr. 12; *im sụmər* Neuw. u. ö.; *Änn nassä Summä* Dischinger 178; *wenn de Summer abebrennt* Jung Brägel 129; *desjohr giits èn hòèßè Summèr* Ellenbast 13; *am Summa scheind viel d' Sunn* Schwarz 76; *Däne Sumer heds widr viel Bräme* (→ *Breme* ‚Viehfliege‘) Braunstein Raa. 5; *Dr Sumr isch rum* eb. 34; *dē sụmᵊr iš s əmǭl basīᵊrt ...* ‚diesen Sommer ist es mal passiert ...‘ 1971 Rippolgn; veraltete, umständliche Zeitangabe: *Was im Summer gsī isch, dọ hänn si d'r Großvadd'r v'rgrawe* Meier Wb. 17; Ra.: 1566 *so verstand sie in* (ihn) *den sommer wie den winter* ‚sie verstehen ihn das ganze Jahr nicht‘ Pict. Leibs Artz. 128b; *wènn Neujòòr im Sùmmer isch* ‚zu einem Zeitpunkt, der nie eintreten wird‘ (vgl. → *Nimmerleinstag*) Schäuble Wehr 143; Sprichw.: *òò Schwalb meschd noch kòòn Summa* Frei Schbr. 151; *Im Summer mueß me d Wädder firchde. Und im Winter d Hohstube* ‚Das gesellige Zusammensein im Winter, die → *Hochstube*, wo getratscht wird, ist genauso zu fürchten, wie die Gewitter im Sommer.‘ Messk./Hegau 1981, 13; Bauernregel: *Juni viel Dunger - verkindt triëwer Summer!* Marx B I; *Truggener Dezämber - truggener Summer!* eb. B II; *Kommt die Eiche vor der Esche / dann macht der Sommer seine Wäsche* d. h. es gibt einen kalten, nassen Sommer, wenn die Eiche (wie 1977) vor der Esche die Blätter heraustreibt St. Peter u. Gutach (Elzt.); Kinderverse: *Im Summer do wächst / im Garte Gemiis / im Winter do friert's mich / an Händ un an Füß* Schick 39; *Tra ri ro / der Summer der is do / in unserm dunkle Keller / liegt guter Muskateller / Ho la ho / der Summer der is do* eb. 41. – Ahd. *sumar*, mhd. *sumer.* – Weiteres → *destillieren, Geschwisterkind, jetzt 1a, Mädle 3, Maurer 1, Micheli, nötlich 2c, ringeln 1a, I Rose 1a, schmecken, Schwalbe 1, selbstverständlich*; vgl. *Altweiber-, Spätsommer.* – DWb. 10/1, 1509; Els. 2, 359 (*Summer*); Fischer 5, 1439; Pfälz. 6, 154; Schweiz. 7, 975 (*Summer*); SDS II, 189; SSA II/19.08; Südhess. 5, 1071.

Sommer-acker *„summeragger“* Steinach. – m.: FlN ‚sonniges Ackerfeld‘ Bad. Flurn. III 3, 95.

Sommer-aster *sụmråšdər* Altenhm. – f.: PflN; ‚Gartenaster, Callistephus chinensis‘ Fohrer 137; jedoch *wissi Summeraschtẹ[e]ra* ‚Sommermargerite, Chrysanthemum maximum‘ Reute (Emm.). – Vgl. *Winteraster, Wucherblume.* – Pfälz. 6, 155; Südhess. 5, 1072.

Sommer-au f.: **1)** FlN. **a)** Weiler der Gem. Bonnd. i. Schw.; 1460 *der hof zů Sommerŏwe* Krieger 2, 1026. – **b)** Zinken Brigach; 1591 *uf der Sumeraw* Krieger 2, 1026. – **2)** Hausn. Freib.; 1394 *huss zer Sumerow am ort* K. Schmidt Hausn. 126.

Sommer-berg *sumɒbẹrig* Rapp.; *somərbẹrg* Ettlgn; *sumərberg* Steinach. – m.: FlN, recht häufig vorkommende Bezeichnung für Berghänge, die der Sonne ausgesetzt sind Meis. Wb. 157a, Steinach/Bad. Flurn. III 3, 95, Altd., Herdern, St. Märgen/Schulheft 1968, 11, Krieger 2, 1026; 1818 *den ganzen Sommerberg* E. Schneider Ettl. 2, 183. – Vgl. *Sonnenberg, Sonnhalde*; Ggs. → *Winterberg.* – Fischer 6/2, 3126; Pfälz. 6, 155; Südhess. 5, 1072.

Sommer-blatt *sumərblād* Hettgn. – n.: ‚Pflanzenblatt im Sommer‘; nur in dem Reim *Sinese, senese Sumərblād / Gē mit mir ins hailiχ grāb / s hailiχ grāb is zugeschlosə / un dər šlüsəl abgəbroxə. / Bauer bin dan büdəl an / Baist ər miχ, so štrāf iχ diχ / For hundərt dālər draisiχ.* eb.

Sommer-buck m.: FlN Herdern; Erhebung auf der → *Sommerseite* Bad. Flurn. I 3, 235. – Zum Grundwort s. → *I Buck 3b.* – Vgl. *Sonnhalde.*

Sommer-eck n.: FLN. **1)** Hofname in Furschenbach Krieger 2, 1026, heute Teil von Achern. – **2)** Dim. *Sommereckle*, Haus, Weiler der Gem. Wieden, meist nur als *Eckle* bezeichnet Krieger 1, 459.

Sommer-esch m.: dass. wie → *Sommerflur* Th. Lachmann 444. – Zum Grundwort s. → *Esch.* – Vgl. *Brach-, Haberesch*; Ggs. → *Winteresch.* – Fischer 5, 1441.

Sommer-fäden Pl.: ‚fliegende Spinnwebfäden im Spätsommer‘; *Summerfäde* Wiesloch, Hoffenhm, Denzlgn, Überlgn a. B.; *der nahende Herbst spreitete schon sein Gewebe von Sommerfäden über Wiesen ...* Reich Wanderbl. 216. – Vgl. *Altweibersommer.* – DWb. 10/1, 1524.

Sommer-feld n.: ‚im Fühjahr mit Sommergetreide bestelltes → *Feld 2a*‘; 1556 *sollen die hoffleüt alwegen zu St. Marxtag nachmittag daß sommerfeld underschlagen* Schrieshm/Bad. Weist. 2, 272; 1599 *Item die bannzäun sollen jährlich gemacht sein bey der dorfsainung, im sommerfeld zue St. Georgentag und im winterfeld bis St. Martinstag* eb. 121. – Mhd. *sumervëlt.* – Weiteres → *Winterfeld*; vgl. *Brachfeld.* – DWb. 10/1, 1525; Fischer 5, 1441; Pfälz. 6, 156; Südhess. 5, 1073.

Sommer-fleck(en) *sụməfleg* Oftershm; *sụmrflęgə* Rotenfels, Honau; meist Pl.: *sumərflęgə* Nassig, Hettgn, O.scheffl.; *sụmrflagə* Auenhm. – m.: **1)** ‚Sommersprosse‘ 1923 Nassig, Liébray 276, Heberling 10, Meng 120, Zimmerm. hs. 285; *der Summorfleck* Ruf 42; *sumə̃rflęgə wi ə bfenĩ* (Pfennig) *sou grous!* Roedder Vspr. 529a; wer viele *S.* hat, *hat mim daifl khiidrek gədrošə* eb. Volksglaube: (März-)Regen erzeugt *S.* Hettgn, Bohlgn/Zimmerm. Vhk. 69; Kinder bekommen *S.*, wenn sie innerhalb der ersten sechs Monate in den Regen kommen Stegen/eb.; in Hettgn wird zur Bekämpfung der *S.* beim Fastenausläuten dreimal an drei aufeinander folgenden Tagen gebetet: *Alleweil löüts der Faschte aus, alleweil wäsch i ma Summerflecke aus* eb., ähnl. Elsenztal. – **2)** ‚günstige Stelle im hohen Schwarzwald, wo das Korn gut gedeiht‘ 1932 N.-wasser. – Syn. unter → *Sommersprossen.* – ALA I, 240; DWb. 10/1, 1525; Els. 1, 167; Fischer 5, 1441; Pfälz. 6, 156; SDS IV, 43; SSA IV/1.04; Südhess. 5, 1073; SUF V, 7.

Sommer-fletz *sumərfleds* Handsch. – n.: FlN; ‚ein mit Kastanien bewachsenes, der Sonne zugewandtes

Waldstück' HANDSCH./BAD. FLURN. III 4, 65f.; 1750 *ahn dem Sommerfletz* eb. – Zum Grundwort s. → *Fletz*.

Sommer-flur m., f.: ‚Teil der bewirtschafteten Fläche, angebaut mit Sommergetreide, in der Dreifelderwirtschaft' O.SCHEFFL.; 1582 *in jedem winter- und sommerflurn nach eingeheimbster ernt und früchten* NECKARELZ/BAD. WEIST. 4, 160; *Der Anbau wechselt im allgemeinen dreiflurig: Winterflur, Sommerflur, eingebaute Brache* ROEDDER 11. – Mhd. *sumervluor* (m.); zum Grundw. s. → *Flur 1*. – Vgl. *Sommerfeld*. – DWb. 10/1, 1526; Fischer 5, 1441.

Sommer-frische *„Summerfrischi"* REUTE (EMM.). – f.: ‚sommerlicher Erholungsaufenthalt'. – Entl. aus der Schriftspr. – Vgl. *Gartenfrische*.

Sommer-frucht *súm(ə)rfrūxd* MÜNCHW., ETTHM, REUTE (EMM.). – f.: ‚im Frühjahr gesätes Getreide' SCHWENDEMANN ORT. I, 118; in ETTHM auch gleichbedeutend mit ‚Gerste'; 1597 *allerley winter- und sommerfrucht* KIRCHHM./BAD. WEIST. 3, 202; 17. Jh. *Wan aber solche sumerfrücht zeitig ist, muste die herrschaft selbige schneiden laßen* eb. 84. – Mhd. *sumervruht*. – Ggs. → *Winterfrucht*. – DWb. 10/1, 1527; Fischer 5, 1441; Pfälz. 6, 156; Südhess. 5, 1074.

Sommer-fütterung f.: ‚Art der Viehfütterung in der warmen Jahreszeit', mit viel frischem Grünfutter im Ggs. zum → *Winterfutter*; 1671 *Ist auch die sommer fütterung darzu nicht zu bekommen* NECKARAU/BAD. WEIST. 3, 153.

Sommer-gerste *súmɒgēṟšdə* ASB.; *sumərgēršd, -u-* AU A. RH., ULM (OBERK.); *-gāṟšd* MÜNCHW.; *-gāṟšdə* GÜNDLGN; *-gēᵊršdə* ST. PETER; *sų́m̃ᵊrgēršdə* KLUFTERN. – f.: ‚im Frühjahr gesäte → *Gerste 1*' 1976 ASB., SCHWENDEMANN ORT. I, 118, SSA-AUFN. 100/4; 1557 *Item der klein zehend, alß sommergerst, heydenkorn, flachs, hanf und waß an die weid gebunden, werden das zehend teil im veld geben* NEUNKIRCHEN/BAD. WEIST. 2, 308; 1605 *Sommergersten etwa ein halb mlr oder 6 simere* SCHOLLBRUNN/eb. 4, 92; 1616 *Der große zehent, darin gehöret korn, spelz, habern, somer- und windergersten, auch heydenkorn* SCHÖNAU (HEIDELB.)/eb. 3, 177. – Ggs. → *Wintergerste*. – DWb. 10/1, 1529; Fischer 5, 1442; Pfälz. 6, 157; Südhess. 5, 1074.

† **Sommer-gippe** f.: ‚Sommerkittel'; 1561 *demnoch machten der vogt, schultheis und ettlich mehr sommergippen aus solchem leinwat* (nämlich → *Kölsch*) BRETTEN/Urkunden, Rechtsquellen und Chroniken zur Geschichte der Stadt Bretten, bearb. v. A. Schäfer, 1967, S. 230. Wegen der Hitze bei der Belagerung ließen sich die genannten Herren Sommerkittel machen, die sie über dem Harnisch trugen eb./P. Waibel hs. – Zum Grundw. vgl. → *Gippe*.

† **Sommer-hahn** m.: ‚ein → *Hahn 1* als Abgabe, die jahreszeitlich auf den Sommer festgelegt war'; 1685 *Von einem jeglichen hauß oder ... burgerrecht muß jährlichen nebenst einem rauchhun auch ein sommerhan gereicht ... werden* SULZB. (MOSB.)/BAD. WEIST. 4, 438; 1778 *... jährl[iche] gült und zinß, sodann faßnachthühner und sommerhahnen entrichtet worden* ROBERN/eb. 390. – Vgl. *Sommerhuhn*.

Sommer-halde *sų̄mərhaldə, -u-* STEINACH, WEHR; *-hāldə* RIELASGN. – f.: **1)** ‚Südhang' SCHÄUBLE WEHR 143; 1787 *Somər Haltä* ‚gegen Mittag liegende Bergseite' SAUSENB. ID./ZFDMU. 1907, 220; vgl. *Sommerseite 1*. – **2)** FlN STEINACH/BAD. FLURN. III 3, 95f., LITTENWLR/eb. I 3, 235, HASLACH I. K./KRIEGER 2, 1026, RIELASGN/HEGAU-FLURN. 2, 52; 1703 *der Sommerhalden hinauf* ÖHNGN/eb. 5, 69; 1895 *sommerhalde* TENGEN; *tsömmərhaldə* (Kontraktion mit Artikel) MÖHRGN/KIRNER 95; vgl. *Sonnhalde*. – Zum Grundwort s. → *Halde*, Ggs. *Winterhalde*. – Fischer 5, 1442; Pfälz. 6, 157; Schweiz. 2, 1175; Südhess. 5, 1074.

Sommer-halder, -halter FN: LÖRRACH u. ö. – Urspr. für an der → *Sommerhalde* Wohnende. – Götze Fa. 16.

Sommer-hochwasser *sömᵊrhōxwąsᵊr* LEUTESHM. – n.: ‚hoher Wasserstand im Sommer' FLUCK 327.

Sommer-hof m.: FLN RORGENWIES, ZOZNEGG/KRIEGER 2, 1027.

† **Sommer-huhn** n.: ‚Huhn als Abgabe, die jahreszeitlich auf den Sommer festgelegt war' BUCHEN/OSTR. 1097; 1518 *Ein jeglicher hindersäß daselbst ist der herrschaft schuldig ein sommerhuen und ein faßnachthuen* EBERB./BAD. WEIST. 4, 68; 1538 *so file fasnachthuner und somerhuner gevellen doselbst* REICHARTSHSN/eb. 1, 61 (Anm. 2). – Mhd. *sumerhuon* ‚im Sommer zu entrichtendes Zinshuhn'. – Weiteres → *Rauchhuhn*; vgl. *Sommerhahn*. – DWb. 10/1, 1534; Fischer 5, 1442; Südhess. 5, 1075.

Sommer-hut *„summahuat"* RUST. – m.: ‚Strohhut'. – Vgl. *Schaub-, Scheuhut*. – DWb. 10/1, 1534; Pfälz. 6, 157; Südhess. 5, 1075.

sommerig *sümərig* REICHENB. (LAHR), FURTWANGEN; *semərig* REICHENB. (HORNBG); *sįmərig* so u. ähnl. SCHENKENZ., FREIAMT, NEUK., SCHOLLACH, GUTMADGN; *sįm̃ərig* MÖHRGN; *sumərig* REUTE (EMM.). – Adj.: ‚auf der → *Sommerseite* gelegen, von der Sonne begünstigt, sonnig' REICHENB. (LAHR), WEISSER HH. 35, M. BRAUN 148, KRUPP-KLEISER 166; *simmərig Wettər* KRAMER GUTMADGN 274; *dǭ iš's simərig* 1962 SCHENKENZ.; *äm šēnə hē(ə)ldele iššəs sįmmərig* ‚am schönen Häldele ist es sonnig' KIRNER 162; *diə hen įmər ę sįmərigə gārdə ghǭ* 1997 FREIAMT. – Mhd. *sumeric* ‚sonnig'. – Ggs. → *winterig*. – DWb. 10/1, 1535; Els. 2, 359 (*summerig*); Fischer 5, 1442; Pfälz. 6, 157; Schweiz. 7, 983 (*summerig*); Südhess. 5, 1075.

sommerisch *„sümmerisch"* ROSENBG. – Adj.: ‚sonnig' 1895 ROSENBG/UMFR. – Mhd. *sumerisch* ‚sommerlich'. – DWb. 10/1, 1536; Fischer 5, 1442. 6/2, 3127 (*sömmerisch*).

Sommer-johanni m.: ‚Tag des Hl. Johannes des Täufers (24. Juni)'; *acht Tag vor Summer-Johanni* DORN 62; Ra.: *dī friərds em sómər johàne!* PFORZHM. – Benennung im Ggs. zu (bei uns nicht belegtem) *Winterjohanni* am 27. Dezember, dem Tag des Evangelisten Johannes. – Vgl. *Johanni, Sonn(en)wende*. – DWb. 10/1, 1536; Fischer 5, 1442.

Sommer-käferle *„Sommerkäferli"* TENINGEN. – n.: Tiern. ‚Siebenpunkt-Marienkäfer, Coccinella septempunctata' MITTEIL. 1919, 89. – Vgl. *Herrgottskäfer(le) 1*.

Sommer-kirsche *sumɒkęršd* MÖRSCH. – f.: ‚im Sommer reifende Kirsche(nsorte)'. – Vgl. *Frühkirsche*.

Sommer-kleid n.: ‚Bekleidung für die warme Jahreszeit'; 16. (?) Jh. *Item ein sommerkleid und ein winterkleid hat der gebüttel von dem gerichtsherrn* HANDSCH./BAD. WEIST. 2, 123; in jüngerer Zeit bes. ‚Frauenkleid für den Sommer' allg. – Mhd. *sumerkleit*. – Ggs. → *Winterkleid*. – DWb. 10/1, 1537; Fischer 5, 1443; Pfälz. 6, 158; Südhess. 5, 1075.

Sommer-kopfsalat *sumrkobfsalād* MÜNCHW. – m.: PflN; ‚hitzebeständigere Sorte von → *Kopfsalat*', im Ggs. zu → *Winterkopfsalat* SCHWENDEMANN ORT. I, 68.

Sommer-krautlewat m.: PflN; ‚im Sommer gesäter → *Reps*, Brassica napus, var. oleifera' Kaiserstuhl/MITTEIL. 1915, 377, PRITZEL-JESSEN[2] 62b. – Vgl. *Lewat 1a*. – DWb. 10/1, 1538.

Sommer-läden Pl.: ‚sommerliche Fensterläden', euphemistisch; im schönfärberischen Antrag einer Kupplerin: *sie hawe e gar zu gudi Gees unn lauter grüne Summerläde* ‚sie haben eine Ziege und in Ermangelung von Fensterläden müssen sie sich mit den grünen Zweigen der Bäume begnügen' ELSENZ/ALEM. 25, 246.

sommer-lang Adj.: ‚(zeitlich) lang wie im Sommer', von Tagen; *im summerlange Tag* G. Uehlin Wies. 5. – Mhd. *sumerlanc*. – DWb. 10/1, 1539; Fischer 5, 1443.

Sommer-latte *sụmɒrlat* O.weier (Rast.). – f.: ‚Sommerschößling eines Rebstocks' ZfdMu. 1916, 284. – Mhd. *sumerlat(t)e* ‚diesjähriger (in einem Sommer gewachsener) Schößling'. – Vgl. *Sommertrieb*. – DWb. 10/1, 1540; Fischer 5, 1443. 6/2, 3127.

Sommer-leite f.: FlN, Hang auf der Südseite; *Sommerleide* Reicholzhm/Umfr. – Zum Grundwort s. → *Leite*. – DWb. 10/1, 1542; Pfälz. 6, 158.

sommerlich *sumərli* O.scheffl.; *sụməlįš* Oftershm; *sumɒliχ* Rapp.; *sumɒlig* Mörsch; *sumərliχ* Münchw. – Adj.: ‚sonnig, warm, dem Sommer entsprechend' Roedder Vspr. 529a, Liébray 276, Meis. Wb. 157a, Schwendemann Ort. 3, 103. – Mhd. *sumerlich*. – Vgl. *sommerig*. – DWb. 10/1, 1543; Fischer 5, 1443; Pfälz. 6, 158; Schweiz 7, 986 (*sümmerlich*); Südhess. 5, 1076.

Sommer-matte f.: FlN für Wiesen auf der → *Sommerseite* St. Märgen/Schulheft 1968, 11; auch im Dim.: *summermättli* Hornbg (Schwwaldb.); 1590 *aus einem Stück Sommermättlin* eb./Bad. Flurn. III 5, 64; 1903 *Sommermättle* eb. – Vgl. *Sommerwiese*.

Sommer-moos → *Pfarrmoos*.

Sommer-mösle *súmərmösli* Rielasgn. – n.: FlN, nach der südl. Lage benanntes Ackerland Rielasgn, Arlen; 1628 *im Sommer Moslin* Hegau-Flurn. 2, 52; 1825 *im Sommermösle* eb. 70. – Grundwort ist Dim. zu → *1 Moos*.

sommern schw.: ‚warm/sommerlich werden' (vom Wetter) Elsenztal/Alem. 25, 247; Spruch unter → *wintern*. – Mhd. *sumer(e)n* ‚Sommer werden'. – DWb. 10/1, 1548; Fischer 5, 1441; Pfälz. 6, 158; Schweiz. 7, 981; Südhess. 5, 1077.

Sommer-ölsamen m.: PflN; dass. wie → *Sommerkrautlewat* Bodensee/Mitteil. 1915, 377, Pritzel-Jessen[2] 62b. – Vgl. *Schnittkohl*.

Sommer-rain m.: FlN, am Hang liegende, sonnige Wiese; *summerai* Steinach/Bad. Flurn. III 3, 102; *Hinterer* und *Oberer Sommerrain* Yach/Krieger 2, 1027. – Fischer 5, 1443; Südhess. 5, 1077.

Sommer-reps m.: PflN; ‚im Sommer gesäter → *Reps*, Brassica rapa oleifera' Pritzel-Jessen[2] 66b, Mitteil. 1915, 377. – Fischer 5, 1443.

Sommer-residenz f.: ‚Ort, an dem der Landesfürst im Sommer wohnt'; 1759 *in ansehung unserer zu Schwetzingen haltender sommerresidenz* Schwetzgn/Bad. Weist. 3, 228. – DWb. 10/1, 1553.

Sommer-rieselen *sumərkrisəli* Waldenhsn; *sụmərįslə* Grossw., Ottersw., Achern; *sụm(ə)-, somərēslə* Hanauerland; *sụ́m(ə)rīslə, -ī-* verbr. Ortenau; *sụmərīsili* Kappel a. Rh.; *sumərisili* Rust. – n., Pl.: ‚Sommersprossen' Willinger 195, Schecher 168, Metrich 181, Schulze 106, Mittelbaden/Zimmerm. hs. 285, Ottersw./ZfdMu. 1913, 363, Achern/eb. – Zum Grundwort s. → *Riesel(en)*. – Vgl. *Sommersprossen*. – ALA I, 240; SSA IV/1.04.

sommers *sumɒs* Jöhlgn; *somərs* Neuburgw.; *somɒs* Plittersd.; *sụmərs* Wintersd., Neuw.; *sumərs* Konst. – Adv.: ‚im Sommer' Schwarz 76, Joos 130. – Mhd. *sumers*, aus dem alten Gen. *des sumers*. – Ggs. *winters*. – Pfälz. 6, 159; Südhess. 5, 1077.

Sommers-bach m.: FlN, Gewässername und Haus, Weiler Rippoldsau/Krieger 2, 1027.

Sommer-seite *sumə̃rsąidə* O.scheffl.; *sumɒsaidə* Adelshm, Rapp.; *sumɒsaid* Mörsch; *sụmɒrsit* O.weier (Rast.); *sụ́m(ə)rsid* Kappelwi., Berghaupten; *sụmərsidə* so u. ähnlich Ottersw., O.spitzenb., Siegelau, Horben. – f.: **1)** ‚Südseite, von der Sonne begünstigte Seite (z. B. eines Hangs)' Horben, Siegelau/Alem. 25, 55; *ụf dr sụmɒrsit* O.weier (Rast.)/ZfdMu. 1916, 284; Oberspitzenbach hat im Volksmund drei Teile: *d Wintersitə, d Summersitə, d Schtadt* 1939 O.spitzenb.; übertr. für ‚angenehme, begünstigte Situation' in der Antwort auf die Feststellung „*Do sieht mer's, wer het!*": „*Jo, mer wohne au uf der Summersite!*" Ottersw.; Ra. von einem, der gern trinkt, immer durstig ist: *dẹr hed d lẹwr ụf dr sụ́mrsid* Burkart 42, ähnlich Roedder Vspr. 529a, Humburger 129, Mangold 29, Meis. Wb. 157a. – **2)** FlN; 1932 Berghaupten, Blasiwald/Krieger 2, 1027. – Weiteres → *Leber, sonnig 1*; vgl. *Sonnenseite*; Ggs. *Winterseite*. – DWb. 10/1, 1556; Fischer 5, 1443; Pfälz. 6, 159; Schweiz. 7, 1456; Südhess. 5, 1078.

Sommers-mühle f.: FlN, Name einer → *Mühle 1* in Zimmerhof (heute Teil von Rapp.) Krieger 2, 1027.

Sommer-sprossen *sumɒšbrosə* Oftershm; *sụm(ə)ršbrosə, -u-* Auenhm, Legelsh., Altenhm, Schenkenz., Schiltach, Endgn, Reute (Emm.), Waldau. – Pl.: ‚(vor allem im Sommer hervortretende) kleine Flecken auf der Haut' Baur 270, Meng 120, Schweickart 74, Fohrer 37. – Das Grundw. geht laut Kluge 679 auf fnhd. *sprusse* (zum Verb *sprießen*) zurück. – Weiteres → *Volksgenosse*; vgl. *Placken 1, Laub-, Leberflecken, Losmucken, Märzenblume 1, -kegel 1, Riesel(en) 1, Rohriselen, Ros-, Rost-, Rotz-, Schißmucken, Sommerfleck(en) 1, -rieselen, Sonnenflecken, -rieselen, -schecken*. – ALA I, 240; DWb. 10/1, 1557; Fischer 5, 1443; Pfälz. 6, 160; SDS IV, 43; SNBW V/9; SSA IV/1.04; Südhess. 5, 1078; SUF V, 7.

Sommer-stroh *suməršdrau* Münchw. – n.: ‚Halme der → *Sommergerste* (oder des -hafers)', wurde vielfach verfüttert Schwendemann Ort. 1, 122. – Mhd. *sumerstrô* ‚Stroh von der Sommerfrucht'. – Vgl. *Winterstroh*. – DWb. 10/1, 1559; Fischer 5, 1443.

Sommer-tag *sumə̃rdą̄g* O.scheffl.; *sụmədǭg* Oftershm; *sumɒdǭg* Schwetzgn; *sumərdǭg* Sandhsn; *sụmɒdāg* Mönchz., Rapp., Mörsch; *sumərdāg, -ụ-* so u. ähnlich Weinhm, Eberb., Heidelbg, O.hausen (Bruchs.), Münchw. – m.: **1)** ‚schöner, sonniger Tag' Roedder Vspr. 529a, Meis. Vk. 57, Meis. Wb. 157a, Schwendemann Ort. 3, 103. – **2)** ‚Fest an → *Lätare* zur Vertreibung des Winters', findet vielerorts in der Kurpfalz und angrenzenden Gebieten mit unterschiedlich ausgeübtem Brauchtum statt, meist verbunden mit einem → *Sommertagszug* der Kinder, bei dem das → *Sommertagslied* gesungen und ein → *Sommertagsstecken*, an dessen Spitze eine → *Sommertagsbretzel* befestigt ist, getragen wird; Varianten von Sommertagsliedern: *šdrī, šdrā, šdrō də sụmərdāg is dō / sụmərdāg šdab aus, blōs dẹm wịnɒr d'ārə aus / šdrī, šdrā, šdrō ... // šdrī, šdrā, šdrō ... / gēi dū āldɒr bagfįš, wẹnɒr kụmd, no hoš nigs / als ẹ šīb fol kǫulə, də gụgụg sol di hǫulə / šdrī, šdrā, šdrō ...* 1949 Eberb.; *Was noch dadsu? Poa naijä Schuu. Schdrii schdraa schdroo, da Summadòòg isch doo* Frei Schbr. 159; *... strih, strah, stroh, / de Summerdååg isch do - / heit iwwers Johr / do simmer widder do!* Lehr Kurpf.[2] 138; *Ri ra ro! / Der Summertag is do, / der Summer und der Winter, / der Gock, der is e Stinker, / Eier raus, Eier raus, / jagt de Madel ins Hühnerhaus, / macht ihn nicht so dick, / daß er nicht versticktǃ* O.hausen (Bruchs.)/E. H. Meyer 87; weitere Fassungen in Schick 41, Dischinger 178, Liébray 276, Meis. Vk. 57, Neckarelz/Bad. Wochenschr. 1807, 177ff., Heidelbg/Bad. Heim. 1973, 147. – Mhd. *sumertac*. – Weiteres → *ausstäuben, mitbringen*; vgl. *Lätaresonntag*. – DWb. 10/1, 1559; Fischer 5, 1444; Pfälz. 6, 161; Südhess. 5, 1078.

sommer-tags *sụ́mərdāgs* Eberb. – Adv.: ‚im Sommer, an einem schönen Sonnentag' 1950 eb. – Vgl. *sommers*; Ggs. → *wintertags*.

Sommertags-bretze(l) *sụ́mərdāgsbrẹdsə* Eberb.; *sụmɒdāgsbrædsl* Mönchz. – f.: ‚die am → *Sommertagsstecken* angebrachte → *Bretze(l)*' 1949 Eberb., Reichert 42. – Näheres unter → *Sommertag 2*. – Pfälz. 6, 164.

Sommertags-lied n.: ‚das beim → *Sommertagszug* von den Kindern gesungene Lied'; *sụ́mərdāglīdl* (Dim.) 1949 Eberb. – Zu Texten s. → *Sommertag 2*. – Weiteres → *Gock*. – DWb. 10/1, 1561; Südhess. 5, 1079.

Sommertags-stecken *sụ́mərdāgsšdẹgə* Weinhm, Eberb., Sandhsn; *-dāxs-* Mannhm; *sụmɒdāg(s)-* Mönchz., Östrgn. – m.: ‚mit Papierbändern oder tw. abgeschälter Rinde geschmückter, an der Spitze mit Brezel und zuweilen ausgeblasenem Ei oder Apfel versehener Stock, den die Kinder beim → *Sommertagszug* mit sich tragen' Bräutigam So 124, H. Schmitt[2] 89, Lehr Kurpf.[2] 145, Dischinger 178, E. H. Meyer 86. – Zum Brauch vgl. *Sommertag 2*. – Pfälz. 6, 165; Südhess. 5, 1079.

Sommertags-zug *sụmərdāxsdsūg* Mannhm; *-dāgs-* Schrieshm; *sụmɒdāgs-* Östrgn. – m.: ‚Umzug der Kinder an → *Lätare* zur Feier des Frühlingsbeginns und der Vertreibung des Winters', vielerorts in der Kurpfalz und angrenzenden Gebieten üblich H. Schmitt[2] 89, Bräutigam So 124, Lehr Kurpf. 113, Dischinger 178, Herwig-Schuhmann 115f.; Näheres unter → *Sommertag 2*. – Weiteres → *Sonnenschein 1a*. – Pfälz. 6, 165 (*-umzug*); Südhess. 5, 1079.

Sommer-tannenbühl, -tännle m., (n.): FlN, Berghang mit Wald und etwas Wiesen, auf den früh und lang die Sonne scheint Steinach; 1797 *Sommertannenbiel, Sommertännlebiel* Bad. Flurn. III 3, 96; ein Teil davon ist das *Sommertännle*, mu. *summerdännli*, womit am Ort meist das ganze Gebiet bezeichnet wird, eb.; 19. Jh. *Tannwald im Sommerdänle* eb.

Sommer-trieb *sụmərdrīb* Zell-Weierb. – m.: ‚diesjähriger Trieb am Rebstock' Kreutz 88. 21. – Vgl. *Sommerlatte*.

Sommerts-hausen ON: Weiler O.eschach; 1429 *Sumbrehtzhusen* Krieger 2, 1027; 1500 *Sumertzhawsen* eb. – Laut eb. eig. urspr. ‚Haus des Sumbreht'.

Sommer-vogel *sụmərfōg(ə)l* so u. ähnlich Ottersd., Freiolshm, Eisent., mancherorts südl. Ortenau, Kaiserstuhl, Breisgau, Markgräflerland, südl. Schwarzwald; *sõmmərfogl* Möhrgn; *súmmrfogl* so u. ähnlich Sunthsn, mancherorts Hegau; *sumrfogl* Radolfz.; Pl.: *sụm(ə)rfēgl* mancherorts südl. Ortenau, Katzenmoos, Zienken, Schweighof; *sụmrfögl* Bellgn; *sụmrfögl* Malsburg; *sõmmərfegl* Möhrgn; Dim.: *sumərfẹrələ* O.scheff-l.; *sụmrfẹgilị* Reute (Emm.), St. Georgen (Freib.); *sumərfẹgili* Radolfz. – m.: **1)** Tiern. ‚Schmetterling' Huchenf./Umfr., Ruf 42, Diersburg/Ochs-Festschr. 265, 1968 Katzenmoos, 1964 Waldk. (Elzt.), 1895 Amoltern/Umfr., Schulze 107, Glattes 34, Meis. VW. 38, Beck 35, Altenschwand/Umfr., 1894 Baar, Kramer Gutmadgn 289, Kirner 53, W. Schreiber 30, Ellenbast 70, Fuchs 62, 1895 Riedhm (Konst.), Kenzgn/ZfhdMu. 3, 94, Oberland/Mitteil. 1914, 334, Buchhm (Freib.)/ZfdMu. 1910, 366, Freiolshm/eb., Ottersd./eb. 1914, 389, Siegelau/Alem. 25, 60, Rüsswihl/Mein Heimatl. 1939, 209, Feldbg/Markgr. 1971, 150; „von alten Leuten" Kilian 54, ähnlich 1936 Todtnaubg, Roedder Vspr. 529a; *Summervögeli jung un froh / ziehn de blaue Blueme noo* Hebel 46, 38; *Sommervögelein, Ordensband, / Schaukelst, gaukelst über Land* Ganther Kl. 28; *Summervögili us em Schwarzwald* Titel eines Gedichtbandes von August Ganther; *Die Sommervögel schweben / Und tanzen ... mit bunten Schwingen* Burte Patr. 101; Syn. unter → *Schmetterling 1a*. – **2)** Tiern. ‚Libelle'; *Summervögeli* Kiechlinsbergen/Bad. Ztg Umfr. Mai 2001; Syn. unter → *Libelle, Seejungfer*. – **3)** Pl. ‚Sommersprossen' (Syn. s. d.); *summervögel* 1923 Sachsenhsn. – Weiteres → *Pfiffholder, Flittermaus, gelb 2c, sich 1a*. – DWb. 10/1, 1563; Els. 1, 101; Fischer 5, 1444. 6/2, 3128; Pfälz. 6, 161; Schweiz 1, 696; SDS VI, 237; SSA IV/4.10; Südhess. 5, 1079; SUF V, 7.

Sommer-wald *sụ́mərwạld* Berghaupten, Steinach. – m.: FlN, auf der → *Sommerseite* gelegenes Waldstück, in Steinach auch genauer als *Dochbacher* und *Bocksbacher S.* bezeichnet Bad. Flurn. III 3, 96. – Ggs. → *Winterwald*.

Sommer-wäsche *sụ́mɒrwẹš* Eberb. – f.: ‚leichte Unterwäsche für die warme Jahreszeit' 1950 eb.

Sommer-weide f.: ‚Weidegang, bei dem das Vieh den ganzen Sommer draußen verbringt', vor allem auf/an den höchsten Gipfeln des Schwarzwalds betrieben E. H. Meyer 125. – Vgl. *Herbstweide*. – DWb. 10/1, 1566; Fischer 6/2, 3128; Schweiz. 15, 522; Pfälz. 6, 166; Südhess. 5, 1079.

Sommer-weizen *sumərwẹ̄ds* Hettgn; *-wẹ̄dsə* O.scheff-l.; *-waisə* Au a. Rh., Münchw.; *sumɒwāidsə* Rapp., Mörsch. – m.: ‚im Frühling gesäter Weizen' Roedder 529, Meis. Wb. 157b, 1975 Au a. Rh., Schwendemann Ort. I, 118. – Ggs. → *Winterweizen*. – DWb. 10/1, 1566; Fischer 5, 1444; Pfälz. 6, 166; Schweiz. 16, 1892; Südhess. 5, 1079.

Sommer-wiese *sumərwis* Büsgn. – f.: FlN, nach der sonnigen Lage benannt Lehenge./Krieger 2, 1027; 1802 *in Somerswis* Hegau-Flurn. III, 38; amtl. in Büsgn heute *Sommerwiesen*; auch im Dim.: 1825 *im Sommerwiesle* Arlen/Hegau-Flurn. II, 71. – Vgl. *Sommermatte*.

Sommer-wirtschaft f.: ‚Gaststätte, die nur in der warmen Jahreszeit geöffnet ist'; *Vor sechzig Jahren stand noch über der Kinzig drüben am Felsen die Sommerwirtschaft des Christian* Heinrich Hansjakob, Wilde Kirschen, Stuttgart 1921, S. 356. – DWb. 10/1, 1567; Südhess. 5, 1080.

Sommer-wurz → *Kleewürger*.

Sommer-zelge *sumɒrtsẹlijə* O.weier (Rast.). – **1)** m.: ‚der mit Sommergetreide bestellte Teil der Dreifelderwirtschaft', neben → *Winterzelge* und → *Brachfeld* Wyhlen/Richter, O.weier (Rast.)/ZfdMu. 1916, 325. – **2)** f.: FlN Wyhlen, Rielasgn; 1767 *in der sumer Zelg* Richter 158; 1876 *Sommerzelg* Hegau-Flurn. 2, 52. – Zum Grundwort s. → *Zelge*. – Vgl. *Sommerflur*. – Fischer 5, 1414.

† **sonder** Konj.: **1)** dass. wie → *II sondern*; 1415 *nit hindern noch irren in dhein wise, sunder si dabi gerulichen beliben lassen* Neuenb. Stadtr. 51; 1462 *one sinen willen nit aberkant, sonder zůbekant und usgericht werden* eb. 65; 1520 *damit er dem kleger das recht nit verhindre sonder zům rechten stand* Freib. Stadtr. 6b. – Adv.: **2)** ‚gesondert, einzeln, für sich'; 1520 *wen(n) die gütlich rachtung von einer sondern sach wegen abgeredt ist / die sol sich vff dhein ander hendel strecke(n)* Freib. Stadtr. 39a; *vß sondern zůfälle(n)* eb. 66b; *mit einer sondern klag vordern* eb. 86b; in der Formel *samt und sonder* ‚alle(s) ohne Ausnahme, ohne Unterschied'; *alles sampt vnd sonder ... getrüwlich eroffnen vnd an tag legen* eb. 83b. – Adv./Adj.: **3)** ‚(ins-)besondere, besonders'; 1427 *uns und sunder mir dem lantvogt* Neuenb. Stadtr. 55; 1442 *haben wir den burgermeister, rate und burgern derselben stat Newmburg die sunder gnad getan* eb. 58; 1520 *es gescheh dan(n) mit vnser sondern erkantnuß*

vnd erlouben Freib. Stadtr. 91b. – Präp.: **4)** ‚außer, ohne'; 1520 *sonder vorbehalte(n) aller andern vnserer fryheiten* Freib. Stadtr. 2b. – Mhd. *sunder* (Adj., Adv., Konj., Präp.). – Weiteres → *samt 2, Schürgarten*; vgl. *besonder*. – DWb. 10/1, 1571; Els. 2, 364 (*sunder*); Fischer 5, 1445; Pfälz. 6, 166; Schweiz. 7, 1140 (*sunder*); Südhess. 5, 1080.

sonder-bar *sunə̃rbā̤r* O.scheffl.; *súnɒbā, -ụ-* Handsch., Schwetzgn, Rohrb. (Epp.); *-bǭ* Altlusshm; *sụnəbǭɒ* Oftershm; *sundɒbā(r)* Rapp., Rotenfels; *-bǭɒ* Neulusshm; *-bāɒ* Mörsch; *sụnd(ə)rbār* Kappelwi., O.-schopfhm, um Gengenb., Reute (Emm.), Lörrach, Stockach, Konst. – Adj.: **1)** ‚eigentümlich' Roedder Vspr. 529a, Lenz Wb. 66a, Frei Schbr. 151, Liébray 276, Meis. Wb. 157b, Burkart 35, Glattes 26, Joos 131, Rapp./ZfdMu. 1908, 203; als schriftspr. empfunden Beck 75, in der Mu. dafür → *artlich 2, gifitzig, lenzig*; weitere Syn. unter → *seltsam*. – † **2)** ‚besondere, -r, -s, besonders' 1677 E. Schneider Durl. 223; 1671 *weil besagter waidbrief von dem vorkaufften viehe keine sonderbare meltung tut* Neuenb. Stadtr. 134; adv. gebr.: 1819 *ist auch den Kindbetterinnen ein sonderbar nützliche Artzney* Arzneybuch Bierbr. 19. – Mhd. *sunderbære, -bar* ‚besonder'. – Vgl. *besonderbar*. – DWb. 10/1, 1576; Els. 2, 364 (*sunderbar*); Fischer 5, 1446; Pfälz. 6, 167; Schweiz. 7, 1149 (*sunderbar*); Südhess. 5, 1080.

sonder-barlich *sundɒbāliχ* Rapp. – Adj.: dass. wie → *sonderbar 1*, selten Meis. Wb. 157b; *es muß einem sonderbarlich zu Gemüthe sein* J. P. Hebel's Werke, Ausgabe in drei Bänden, zweiter Band, Karlsruhe 1847, S. 285 (in Hebel IV, 79 *sonderlich*). – DWb. 10/1, 1578; Schweiz. 7, 1152 (*sunderbarlich*).

† **Sonder-heit** f.: ‚Besonderheit', belegt in der Verbindung *in S.* ‚insbesondere'; 1520 *des wöllen wir vns in sonderheit hie nit beladen* Freib. Stadtr. 25a; *Item in sonderheit wo die schydung geschehe* eb. 56a; *Vnd in sonderheit so wöllen wir ouch daby gesetzt vnd geordnet haben / das ...* eb. 87b. – Mhd. *sunderheit* ‚Abgesondertheit, Besonderheit' und *in sonderheit* ‚insbesondere'. – Weiteres → *Holde 1, schießen 1a*. – DWb. 10/1, 1580; Fischer 5, 1447; Pfälz. 6, 167; Schweiz. 7, 1155; Südhess. 5, 1080.

† **Sonder-lehen** n.: ‚spezielles/gesondertes/persönliches → *I Lehen 1*'; 1327 *Dis ist das gůt das wir hant ze Mengen in dem dorfe. Dis ist ein sunderlehen. So sint dis die aker die darin horent* Adelh. Urb. 104.

sonderlich *sụndərlịχ* Freiamt. – Adj.: † **1)** ‚gesondert, einzeln' 1536 E. Schneider Durl. 223; 1365 *daz sie die obgenanten burger und stat gemeinlich und sunderlich an denselben unsern gnaden schützen ... süllen* Neuenb. Stadtr. 29; 1520 *Darzů haben wir sonderlich geordnet* Freib. Stadtr. 44b; *man mag sy oder den ingesetzten erben gemeinlich oder sonderlich fürnemen* eb. 85b. – **2)** ‚besondere, -r, -s, besonders'; 1348 *von künichleicher milde und sünderlichen gnaden* Neuenb. Stadtr. 25; 1520 *vnd daruff wöllen wir sonderlich acht haben* Freib. Stadtr. 48b; *ęr ịš nịd sụndərlịχ grǭs* Freiamt. – Mhd. *sunderlich*. – Weiteres → *hold, Schiffarmada*; vgl. *absonderlich*. – DWb. 10/1, 1580; Fischer 5, 1447; Pfälz. 6, 167; Schweiz. 7, 1158.

Sonderling *sȫn͂dərlịŋ* Singen a. H. – m.: **1)** ‚eigenwillige Person, die sich nicht integrieren oder anpassen will' W. Schreiber 32; *ɒ Sondrling* Reute (Emm.). – **2)** Neckname für die Bewohner von Stahringen Alem. 35, 99. – Vgl. *Eigenbrötler, Nieselpriem, Selteneck, -fröhlich, Spinner, Sponepeter, Wunderling* sowie die unter *apartig 1, heilig 2aγ, komisch* genannten Subst. – DWb. 10/1, 1582; Fischer 5, 1448; Schweiz. 7, 1160 (*Sünderling*).

I **sondern** *sõn͂dərə* Möhrgn; *sundərə* Stockach. – schw.: ‚etwas (ab)sondern, trennen' Kirner 479, Fuchs 15; selten, dafür → *aus-, verlesen 1, sortieren*. – Mhd. *sundern* ‚sondern, absondern, trennen'. – Vgl. *aussondern*. – DWb. 10/1, 1583; Els. 2, 364; Fischer 5, 1447; Pfälz. 6, 167; Südhess. 5, 1081; Schweiz. 7, 1152 (*sunderen*).

II **sondern** *sǫndɒn* Hemsb. (Weinh.), Hettgn, Hausen i. T.; *sundɒn* Beckstein, Adelshm; *sondɒn* Griesb. (Freudenst.), Ihrgn, Herdern, Heud. i. H.; *sondərm* Schiltach; *sondərn* Legelsh.; *sundr* Stockach; *sǫndern* Brigach, Jestet. – Konj.: nach dem Nhd., zur Einleitung des Gegensatzes nach einem negierten Satzteil Mangold 26. 44, R. E. Keller Jest. 68, Fuchs 28b; in der alten Mu. meist weggelassen oder durch Einschieben von *nein* gelöst, wie auch hier im Schüleraufsatz: *Aber nicht nur die Habe eines einzelnen, nein, auch ganze Dörfer u. Städte können ein Raub des Feuers werden* Baden-B.; *net blōᵘs in gseļišɒ ... sǫndɒn ā ịn genǫsənšaftlịšɒ hịnsịšt* Bauer Hemsb. 44; seit mindestens den 1970er-Jahren jedoch häufiger bel., z. B.: *nịd hegdār sondɒn ę jux̌ərdə* 1979 Ihrgn; *sǫndern dę̄r ịš rụsgrịsə wǫrə* 1985 Brigach; *sondərn dę̄r šdof ịš gānds dụŋgl gsịn* 1980 Legelsh.; *i haūs nịd dem sondərm* [!] *seləm gəĩ* 1978 Schiltach; *ụn dǭ hǫd mɒ dīə lašd ịd mīęsə lụbfə sǫndɒn nūr šīębə* 1979 Hausen i. T. – Laut Kluge 679 als Spezialisierung des mhd. Adverbs *sunder* ‚abseits, gesondert, für sich' entstanden. – Weiteres → *durchlauchtig, eigen 1b, Gegenteil 2, Herr 8, Himmel 1, hinausschlupfen, hirnschellig, Kalbfell, katzenübel, I Mäuche 1, Nachantwort, narricht 1d, schellenwerken 1a, schwanicht, serbel(e)n 1b, Siebmacher 1, sittsam*. – DWb. 10/1, 1585; Pfälz. 6, 167.

Sondernach ON: früher abgesonderte Gemarkung, seit 1900 mit Eberbach und Zwingenberg (Baden) vereinigt Krieger 2, 1027; 1395 *in der Sundernach* eb.; 1550 *die mule zu Reysenbach in der Sondernawe gelegen* eb. 1, 671.

Sondern-heim ON: ehem. Dorf in der Pfalz, heute Ortsteil von Germersheim; *„Heh Vedda, wuh kumme ma doh noch Sunnere?"* Philippsburg/Odenwald MPh. 112. – Pfälz. 6, 167.

† **Sonder-reben** Pl.: offenbar ‚Weinberg mit speziellem Nutzungsrecht' (vgl. z. B. *Sonderfeld* bei Fischer 5, 1447); 1327 *4 Mh. reben an Fohunberge da stosset einhalb an Schärlins aker ze den sunderreben* Adelh. Urb. 115.

Sonder-riet *sunərd* Werthm. – ON: Dorf in NO-Baden, seit 1972 Ortsteil von Wertheim Platz 300; 1226 *Sinderrieth* Krieger 2, 1027; 1343 *Sunderiet* eb.; 1485 *Sonderried* eb.; *sunrt, sonrt* Werthm/ZfOrtsn. 1931, 113. – Das Grundw. gehört sicherlich trotz amtl. Schreibung mit *-t* zu → *I Ried*.

sonders in *samt und sonder(s)* → *samt 2, sonder 2*.

Sonders-bach ON: Ortsteil von Reichenbach (Gengb.); 1515 *Sůnderstenpach* Krieger 2, 1028.

† **sonder-siech** – Adj.: ‚aussätzig'; um 1400 *Wa ein Dienst sondersiech wirde* Überl. Stadtr. 84; substantiviert: Anfang 16. Jh. *Du solt auch uf die sondersiechen sechen, darmit die ... am sambstag in der statt ze samlen eingelassen werden* eb. 229. – Mhd. *sundersiech* (Adj.) ‚aussätzig', *sundersieche* (m.) ‚Aussätziger' (weil die Aussätzigen in abgesonderten Häusern untergebracht wurden Lexer mhd. 2, 1311). – DWb. 10/1, 1586; Els. 2, 323 (*Sundersieche*); Fischer 5, 1448; Pfälz. 6, 168; Schweiz. 7, 200 (*sundersiech*).

† **Sonderung** f.: ‚(Unter-)Scheidung, Unterschied'; 1588 *damit kein sonderung gemacht werden* Neuenb. Stadtr. 99. – Mhd. *sunderunge* ‚Absonderung, Trennung'. – DWb. 10/1, 1586; Fischer 5, 1449; Schweiz. 7, 1159; Südhess. 5, 1081.

sondieren *sondirɒ* Reute (Emm.). – schw.: ‚erkunden'; nach der Schriftspr.

sonig *sōnig* Kappelwi., Appenw., Münchw., Etthm, Kaiserstuhl, Ottoschwan., Markgräflerland, Lörrach, Wehr, Singen a. H.; *sōn̦ig* Lahr, Vögishm; *son̦ig* Esch-b. (Waldsh.); *sonig* Hofw., Offenb., Tribg, Reute (Emm.), Wiesental, Radolfz., Konst.; *sōnig* Möhrgn. – Adj.: ‚solch, derartig, so beschaffen' Burkart 244, Schwendemann Ort. 1, 187, Fleig 135, A. Müller 2, 106, Glattes 24, Beck 126, Meis. VW. 37, W. Schreiber 37, Joos 269, Ottenhm/Beitr. 13, 242, Vögishm/Alem. 25, 113; *ə sóniger* ‚ein solcher' Offenb.; *ä sonige, ä sonigi, ä sonigs* ‚ein solcher, eine solche, ein solches' Meier Wb. 141, ähnlich G. Maier 160, Noth 392, Schäuble Wehr 137; *sonigi* ‚solche' so u. ähnlich verbr. in S-Baden; *ä sonigem, ä sonigere* ‚einem solchen, einer solchen' Meier Wb. 141; *sōnige woll* ‚solche Wolle' Kirner 140; *sōnigə epfl, pirə, platə* ‚solche Äpfel, Birnen, Blätter' eb.; *(ə) sōniks mēəl* ‚(ein) solches Mehl' eb.; *(ə) sōnigə wẽ* ‚(ein) solcher Wein' eb.; *sonigə haber* ‚solcher Hafer' W. Rothmund 43; *sonig(i) fānə* ‚solche Fahnen' eb.; *in soniger Zit* Lahr; *ä sonigs hon i äu schu gsähne* ‚ein solches (= so eine Person) habe ich auch schon gesehen' Meier Wb. 141; *sonig Brot ischt miər lieber wi sonigs* Kramer Gutmadgn 276; *sonigi Ressli mag i nit* ‚solche Pferdchen mag ich nicht' eb.; *frīəjər hen hāld aməl nū d šdaiglobfr soni khā* ‚früher haben eben immer nur die Steinklopfer solche (Manchesterhosen) gehabt' Ketterer 56; *mit ... sonigen Achseln* Burte Wiltf. 87; *sōnigi wiə dī sètte mer nò mē hā!* ‚solche wie dich sollten wir noch mehr haben' Schäuble Wehr 137; *sônigi Liadli singë dia Vögili* O. Fwglr 51; *i het gärn fir fimf Pfennig Brockè* (→ *Brocken 1b* ‚Bonbons'), *sonigi un sonigi* Ellenbast 67. – Adjektivierung von → *so* mit der Ableitungssilbe *-ig*. Das verbindende *n* ist ein Fugenkonsonant oder aus Kontraktion von *so ein* zu **son* entstanden, vgl. DWb. 10/1, 1345. – Vgl. *so 3, so(ge)tan, solch 1, solei(nig), sotig, soter*. – Els. 2, 316; Schweiz. 7, 33.

Sonne *sun, -u̦-* überwiegend in ganz N- und Mittelbaden bis einschl. Ortenau, Hochschwarzwald, Hotzenwald, Baar und Gegend um Stockach und Pfullend.; *sunə, -u̦-* Werthm, Adelshm, Rappenau, Rohrb. (Epp.), Münzeshm, Zaisenhsn, Stollhfn, Münchw., Kaiserstuhl, Breisgau, Elztal, Markgräflerland, Dinkelberg, entlang des Hochrheins, Klettgau, Linzgau; *sunə̃, -u̦-* Hegau, Höri, Bodanrück; *son* mancherorts Raum Pforzhm, Hundsb., Legelsh., oberes Gutachtal, Wildgutach, O.baldgn, Möhrgn; *sōn* Heinstet., Hausen i. T.; *sonə* Appenw., O.wolf., Halbmeil, Feldk., Möhrgn. – f.: **1) a)** ‚der hell leuchtende Himmelskörper' Liébray 276, F. Schlager 75, Roedder Vspr. 529a, Meis. Wb. 157b, O. Sexauer 20. 26, Ruf 42, G. Maier 161, Klausmann 49, Twiste 56, Fleig 136, Beck 72, Kramer Gutmadgn 289, Möking 14, Joos 131, O.schopfhm/ZfhdMu. 1, 330, Rapp./eb. 2, 112, Kenzgn/eb. 3, 94, Zaisenhsn/ZfdMu. 1907, 272, Ottersd./eb. 1914, 344, O.weier (Rast.)/eb. 1916, 285; 1519 *bis die helig sun zů gnaden ging* ‚... unterging' Hug Vill. Chr. 81; *d Sunn schäind* Dischinger 178; *D' Sunn het so goldig g'schiene* Ganther Stechp. 100; *d' Sunn scheint un vor mir liegt des Stickle Garte* Bretl 22; *d sunə kund, ... gōd uf* Münchw.; *d sunə gōd naa, ... gōd undər* eb.; *wann di Sunn uffgeed, wäads Dòòg* Frei Schbr. 151, ähnl. Litterer 312; *d' Sunne brääglet oobenaabe* ‚die Sonne brennt von oben herunter' Schäuble Wehr 68; *d' Sunn brennt mer uf de Buggl* Lehr Kurpf.[2] 139; *di Sunə dsiid Wasər* Platz 300; *di Sunə dügd sich* ‚die Sonne verschwindet (hinter den Wolken)' eb.; dass.: *d Sun isch wąg* Münchw.; *d' Sunne hot sich widder änderscht bsunne un hot sich hindere diggi Wolge verschdegglt* Humburger 187; *Schun eh die Sunn is gsunke / Do hawwe se getrunke* Nadler 89; *Lueg, un jetz sin alli Stroße / vu de Sunne heiter gmolt* Jung Brägel 18; *i glaub gar d Sun gikslet no mol e weng rus* O. Fwglr 58; *gang hol gschwind em Krischbinis si grüani Brile das es aim it ferbländt wëmër in d Sun guket* eb. 63; Drohung: *Isch hau der e Peerle hie* (‚ein Paar hin'), *daß die Sunn forre Wacheraad* (‚Wagenrad') *äguggschd* Bräutigam Mach 115; personifiziert: *er rüeft der Sunne: „D'Zyt isch do!" / Si sait: „I chumm enandernoo"* Hebel 24, 17; Ra.: *alls de Sunne noo* ‚immer nach Westen' Epple Doo 13; *wo d Sunne im Middag stoot* ‚im Süden' eb.; *Siwe Sunne schdenn am Himmel* ‚es ist schönstes Wetter' Strube Täik 15; ähnlich: *mer keend mååne, siwwe Sunne henke am Himmel* Lehr Kurpf.[2] 139; *dem scheint d' Sunn alle Morje ins Bett* ‚das ist ein Langschläfer' eb.; auch im übertragenen Sinn: *d Sunn scheint a mool uff uns(er) Dach* ‚uns wird es auch mal besser gehen' Litterer 312; Zungenbrecher: *D' Sunn schînd schû* R. Baumann 97, ähnlich Odenwald MPh. 103, Ellenbast 70; Sprichw.: *wem's am Hochzischdaag rejjert, dem scheint d' Sunn ufs Grab* Lehr Kurpf.[2] 139; *wann d' Sunne scheint un 's ree(r)t, isch en de Hell Ke(r)we* ‚wenn die Sonne scheint und es regnet, ist in der Hölle Kirchweih (wird gefeiert)' Litterer 312; Kindervers: *d Sunn schint / s Vögele grint / Sitzt hintrem Lade / Spinnt im Schnider de Fade* Ichenhm/Schläger 16, Varianten eb. und bei → *Faden 1, Maulburg* sowie Ernst Ludwig Rochholz, Alemannisches Kinderlied, Leipzig 1857, S. 139; Wetterregel: *wann d' Sunn sticht, gibts e Gwidder* Lehr Kurpf.[2] 139; *wann d' Sunn rout unnergeht, gids schee(n) Wedder* eb. – **b)** ‚Sonnenschein, Tageslicht'; *geh/gäih mer aus de Sunn* Lehr Kurpf.[2] 139; *hąus a d sunn klęit* ‚ich habe es in den Sonnenschein gelegt' C. Haag 121; Ra.: hellbraun gebackene Wecken sind *an der Sonne gebacken* Appenw.; *sie düen enand nüt liebers, als für d' sunne steh* ‚sie gönnen einander nichts' A. Hermann 62; Sprichw.: *d' Sunn bringt's an de Daag* Lehr Kurpf.[2] 139, ähnlich Litterer 311; *nix isch sou fei(n) g'schbunne, / 's kummt doch en d' Sunne* ‚alles wird aufgedeckt' eb. 312. – **2) a)** Hausname; 1307 *nebent der sunnun* Freib./K. Schmidt Hausn. 126; 1460 *huß zur Sunnen* eb. 127; auch namensbildend für Gassennamen: 1341 *in der Gassen zur Sunnen* (später *Sunnengasse*) eb. – **b)** häufiger Name von Gasthäusern *(Zur) Sonne* Sinshm, Jöhlgn, Reute (Emm.), Singen a. H./W. Schreiber 47, Möhrgn/Kirner 461 u. ö.; ehemalige Wirtschaft auf dem → *Rührberg* Grenzach/Richter 159; *Geschtert bin i in der Sunne gwä* 1979 Sandw.; *'S hot mich gezoge orntlich in die „Sunn" / ... Ich habb 's gezwunge, bin varbei als Mann* Nadler 196; *„Wu keent meren doo en kiehler Schobbe Bier griege?" - „Grad ums Eck rum en de Sunne"* Humburger 208. – **3)** ‚Verzierung auf Dachziegeln in Form eines Strahlenbündels' Werthm, Buchen/OdZVk. 1, 13. – Mhd. *sunne*. – Weiteres → *abetauchen, -ziehen, Blutwurst, II Tor 1, verbergen, I verkohlen 1, Franzose, Frau 2a, Glockenhaus 2, hingehen 2, Höbzerjörg, hopsen, Hornung, kaibenmäßig, Kind, kresmen, Kübel 1, Lichtmeß, lugen, Mond, Mutterherz, Nachtvogel, II ob 1a, Regen 1, Renner 1c, rösch 1b, Samstag 1, saufen 3, I scheinen 1, schlagen 1a, I schleißen 1b, Schnee 1, I sein B2dα, sichtig, siedig 2, I Sinn 1a, stehen, widerscheinen*; vgl. *Abend-, Mädlesonne*. – DWb. 10/1, 1590; Els. 2, 363; Fischer 5, 1449; Pfälz. 6, 168; Schweiz. 7, 1091; Südhess. 5, 1081.

sonnen *sunə̃* O.scheffl.; *su̦nə, -u-* Oftershm, Sandhsn, Rapp., Mörsch, Gutmadgn, Konst.; Part.: *gsund* O.scheffl., Rapp., Mörsch; *gsu̦nəd* Eichen. – schw.:

1) ‚von der Sonne bescheinen lassen'; *siχ sunə* Meis. Wb. 157b, ähnl. Roedder Vspr. 529a, Liébray 276, Joos 131; *sich sunne isch gfährlich* Lehr Kurpf.[2] 139; *d Madratzə sunnə* ‚die Matratzen in die Sonne legen' Kramer Gutmadgn 289; *Wie badet's in sym Bluemeduft / un sunnt si in der raine Luft!* Hebel 47, 23; Wetterregel: *sunnt sich de Dachs in de Lichtmeßwoch, dann geht er widder vier Woche ins Loch* Lehr Kurpf.[2] 139. – **2)** unpers. ‚Sonnenschein haben'; *s hed də gands nomįdāg nonįd gsųnəd* 1956 Eichen. – Mhd. *sünnen, sunnen* ‚der Sonne aussetzen'. – Weiteres → *Geld 3, sich 1a*; vgl. *übersonnen*. – DWb. 10/1, 1627; Els. 2, 363 (*sunnen*); Fischer 5, 1451; Pfälz. 6, 171; Schweiz. 7, 1101 (*sunnen*); Südhess. 5, 1084.

Sonnen-äcker Pl.: FlN Freib., laut Bad. Flurn. I, 3, 234 geht der Name auf die „Zunft der Rebleute zur Sonne" (Besitzer) zurück. – Vgl. *Zunftäcker*.

Sonnen-anbeterin f.: Tiern. ‚Libelle'; *Sunneanbeterin* 2001 Bahlgn. – Syn. unter → *Libelle, Seejungfer*.

Sonnen-aufgang *sunəufgaŋ* Münchw. – m.: ‚das Erscheinen der Sonne am Morgen am Horizont'; *s hout's au am beschte wen for Suneufgang no der Taue ufem Grâs lit*, vom Mähen mit der Sense gesagt Gütenb./O. Fwglr 57.

Sonnen-aufgängle n.: PflN; ‚doldiger Milchstern, Ornithogalum umbellatum' Lörrach/Mitteil. 1919, 54. – Vgl. *Tagundnachtblume 2a, Vogelheu 1g, Knoblauch 1c, Maiblume 2, Morgenstern 2b, Nachtblume, Schneeglöckle 4, Schnuderblume*. – H. Marzell Wb. 3, 462.

sonnen-backen Adj.: ‚durch die Sonne gebacken'; nur in der Fügung *ä sų́näbaxəs kĮ̈ächlį* ‚Kothaufen' 1896 Etthm. – Vgl. *Sonnenwähen*.

sonnen-baden schw.: ‚genussvoll in der Sonne liegen'; *no sunnebadet mer am Strand* Jung Brägel 56. – Vgl. *sonnen*.

Sonnen-berg *súnəbę̄rg* Öhngn. – m.: **1)** FlN, nach der sonnigen Lage nach Süden hin. **a)** 1585 *wald an der Sonnenhalden oder Sonnenberg* Freib./Bad. Flurn. I 3, 234; 1724 *der Brüeder holz am sunneberg* eb. – **b)** 1652 *im Sonnenberg* Öhngn/Hegau-Flurn. 5, 69. – **2) a)** Hausn., nach dem unter 1) a) gen. FlN; 1460 *zum Sonnenberg* Freib./K. Schmidt Hausn. 127; 1473 *zum sunnenberg* eb. – **b)** Hofn. Büchenbronn und Mahlspüren i. H./Krieger 2, 1028. – Vgl. *Sommerberg*. – DWb. 10/1, 1635; Pfälz. 6, 172; Schweiz. 4, 1561; Südhess. 5, 1084.

Sonnen-bersching *sunəbę̄ršig* Weisweil (Emm.). – m.: Tiern. ‚Fischart aus der Familie der Barschverwandten', 1995 im Rhein sehr selten Schrambke Flussfischer 351. – Zum Grundwort s. → *Bersching 1*.

Sonnen-bier *sų́ñəbiər* Konst. – n.: ‚Bier einer Konstanzer Brauerei' Gassert 63. 76. 92. – Südhess. 5, 1084.

Sonnen-blick m.: ‚schnell erscheinender Sonnenschein'; *Süeß wie Sunneblick het 's Büebli glächlet* Hebel 49, 57. – Mhd. *sunnenblic* ‚Sonnenschein, -glanz'. – DWb. 10/1, 1636; Els. 2, 156 (*Sunne"blicker*); Fischer 5, 1452; Pfälz. 6, 171; Schweiz. 5, 62; Südhess. 5, 1084.

Sonnen-blume *sonə-, sunə-, sųnəblūm(ə), -bluəm(ə), -blöəmə*, verbr. in ganz Baden, zur Aussprache s. a. → *Sonne* und → *Blume*. – f.: PflN. **1)** ‚wie nhd., Helianthus annuus' Platz 300, Hettgn, Roedder 529, H. Schmitt[2] 32, Oftershm, Dischinger 178, Meis. Wb. 157b, Rohrb. (Epp.), Mörsch, Sandw., Mahlbg, Schwendemann Ort. 3, 103, Reute (Emm.), Malsburg, Zaisenhsn/ZfdMu. 1907, 268; *Sonneblume* heißt ein Gedichtband von Fritz Romeo; *Wu e Sunnebluum wächst, wächst alles* Lehr Kurpf.[2] 139; *D' Vegel sen a weg, seit d' Sonneblume leerg'fresse sen* Flehgn/Bretl 21; auch Bestandteil des → *Kräuterbuschel* Ottersw./ZfdMu. 1913, 324. – **2)** ‚schlitzblättriger Sonnenhut, Rudbeckia laciniata', *„kleine Sonnenblümle"* Grossw./Mitteil. 1933, 309, Achern u. Umg./eb.; vgl. *Molle(n)kopf 4a*. – **3)** ‚Löwenzahn, Taraxacum officinale' Schopfhm/Badener Land 1921, 66; Syn. s. Kt. → *Seichblume/Seicher*. – **4)** ‚Ochsenauge, Buphthalmum salicifolium' Bühlert./Mitteil. 1915, 390. – **5)** ‚Margerite, Chrysanthemum leucanthemum' A. Sütterlin Wb. 36. – **6)** eine nicht näher bestimmte Blume, die in die → *Weihhenne* gehört Bühlert./Mitteil. 1933, 310, Eisent./eb. 311, Steinb. (Bühl)/eb.; *Sonneblimbli* Neuw./eb. 1919, 77; *kleine gelbe Sonnebluemi* befindet sich kreuzweise angeordnet im → *Kräuterbusch* Haslach i. K. – Weiteres → *Ruchgras, Schindsel 1*. – DWb. 10/1, 1638; Els. 2, 159; Fischer 5, 1452; Pfälz. 6, 171; Schweiz. 5, 87; Südhess. 5, 1085.

Sonnenblumen-korn m.: ‚Samen der Sonnenblume'; meist im Pl. *sųnəblųməkhę̄ʳrnr* Rotenfels/Heberling 10.

Sonnen-brand m.: **1)** ‚durch Sonneneinwirkung hervorgerufene Rötung der Haut'; *di andere ... schbile wer de schenschd Sunnebrand häd* Strube Täik 78; *Sunnebrand in de läzze Gnii*, also in den Kniekehlen, ist ein Zeichen dafür, dass man sich vor der Arbeit drücken will eb. – **2)** ‚das Vertrocknen oder Schrumpfen der Traube durch starke Sonneneinstrahlung' Winzerspr. Bahlgn/WKW 27. – Zu Bed. 2 vgl. *Sonnenbrunzer*. – DWb. 10/1, 1640; Fischer 6/2, 3129; Pfälz. 6, 172; Schweiz. 5, 681; Südhess. 5, 1085.

Sonnen-brunzer *sųnəbrųnsər* Bischoffgn. – m.: ‚eine von der Sonne braungebrannte Traube' Höfflin 228. – Grundw. gehört zu → *brunzen*.

Sonnen-bückle *sonəbįglį* Müllhm. – n. (Dim.): FlN; 1845 *Sonnen Bückle* W. Fischer 199. – Zum Grundwort s. → *1 Buck 3b*.

Sonnen-bühl *súnəbiəl* Ehgn; *-büəl* Rielasgn. – m.: FlN, nach der sonnigen Lage benannte Erhöhung, mehrfach im Hegau; 1293 *das guot Sünnenbol* Rielasgn/Hegau-Flurn. 2, 52; 15 Jh. *acker gelegen an sunnen bühel* eb.; 1789 *ca. 2 J vor dem Sonnenbiel ob dem Fehrend* Ehgn, Neuhsn (Engen)/W. Schreiber Zw. 573. – Zum Grundwort s. → *Bühl 1a*.

Sonnen-dach n.: **1)** dass. wie → *Sonnenschirm; Sunnedach* Stahrgn; meist im Dim.: *sunnedächli* Seeb. (Achern)/ZfdMu. 1917, 163; *ųn hęn aməl əso šę̄ni sųnədęxli khā!* Ketterer 17; *Landmädchen in Staubmänteln und mit „Sonnendächle"* Hansjak. Schneeb. 3, 315. – **2)** PflN; ‚Pestwurz, Petasites (officinalis)'; *Sunnedächle*, die Blätter werden von Kindern als Sonnenschirm benutzt Baar/Alem. 43, 149; Mitteil. 1913, 299. – Zu Bed. 1 vgl. *En-tout-cas, Sonnenpärbele*; zu Bed. 2 vgl. *1 Pappel 2a, Pestwurz, Kührose 2, Lattich 4, Roßhub 2*. – DWb. 10/1, 1642; H. Marzell Wb. 3, 618; Pfälz. 6, 172; Schweiz. 12, 185.

Sonnen-eckle *sųnəeglį* Freiamt. – n.: FlN; Örtlichkeit um das (ehemalige) Wirtshaus zur Sonne oberhalb Siegelau. – Grundw. ist Dim. zu → *Ecke 2a*.

Sonnen-eschle *sunəešle* Messk. – n.: FlN W. Lang 56. – Grundw. ist Dim. zu → *Esch*.

Sonnen-faden *súnəfādə* Bruchsal, Heidelbg; Pl.: *-fę̄də* Malsch (Ettl.). – m.: ‚Spinnfaden, der im Spätsommer durch die Luft schwebt' sowie die Jahreszeit → *Altweibersommer* Bruchsal, Heidelbg, Malsch (Ettl.)/ZfdMu. 1914, 246, Mitteil. 1919, 92; *jetzt kommt der Altweibersommer, da komme d' Sunnefäde* Unzh. – DWb. 10/1, 1644; Pfälz. 6, 172; Südhess. 5, 1085.

Sonnen-finsternis *sunəfinšdrnis* Münchw. – f: ‚Verdunklung der Sonne (wenn der Mond zwischen Sonne und Erde steht)' Schwendemann Ort. 1, 169; *„Hä jô",* *hät dr Fater gli gseit, „hit isch jo di groß Sunefischternis, die miamer go bschouwe“* O. Fwgler 63. – Mhd. *sunnenvinster.* – DWb. 10/1, 1645; Fischer 5, 1452; Pfälz. 6, 172; Südhess. 5, 1085.

Sonnen-fleck(en) *sunəflękə* Rapp, Ottersw.; *sunefleg* Mörsch; meist Pl.: *sonəflęgə* Mosb., Rohrb. (Epp.). – m.: ‚Sommersprosse‘ Zimmerm. hs. 285, Meis. Wb. 157b, Zimmerm. Vhk. 69. – Syn. unter → *Sommersprossen.* – DWb. 10/1, 1646; Fischer 5, 1452. 6/2, 3129; Pfälz. 6, 172; SNBW V/9; SSA IV/1.04; Südhess. 5, 1085.

Sonnen-focht *sunəfoxt* Mingolshm. – m., f.: ‚Fächer‘ Bruhr. 164. – Zum Grundwort vgl. → *Fuchtel.* – Els. 1, 93 (*-fochtel*).

† **Sonn(en)-gicht** f.: dass. wie → *Sonn(en)wende*, häufig jedoch speziell ‚Sommersonnenwende, Johannistag‘; 1292 *ze Súnegihten* Freib./H. Schreiber Urk. 1, 120; 1319 *an dem nehsten fritage nach sant Johanes tage ze sungihten* Vill. Stadtr. 17; 1423 *halb zü wihenahten und halb zü sùngehten* Adelh. Urb. 322; 1453 *singeten* Grafenhsn (Lahr); 1533 *uff Johanis zu sungeten* Hug Vill. Chr. 207. – Mhd. *sun(ne)giht* ‚Sonnenwende‘, das Grundw. gehört zu mhd. *giht* ‚Gang, Reise‘. – Weiteres → *Johannistag.* – DWb. 10/1, 1707; Els. 1, 198 (*sunegihte*); Fischer 5, 1455; Pfälz. 6, 176; Schweiz. 2, 112.

Sonnen-gleisch m: ‚gleißender Sonnenglanz‘ E. Strauss Schl. 264. – Weiteres dazu → *Gleisch.*

Sonnen-gotts-erden-welt *sónəgodsę̄rdəwęlt* Pforzhm. – f.: ‚die Welt in ihrer ganzen Ausdehnung‘, verstärkend; Ra.: *der isch doch uf d’r Sonnegottserdewelt nex* ‚der ist doch ganz und gar nichts‘ eb. – Vgl. *Erde 4.*

sonnen-hell *sunəhęl* Sandhsn. – Adj.: **1)** ‚sehr hell, klar‘ Lehr Kurpf.[2] 139. – **2)** ‚glänzend, strahlend, wie die Sonne‘, übertr.: *Un ihr Gsicht wird sunnehell un lächlet so liebli* Hebel 34, 80. – Vgl. *mond-, sternenhell.* – DWb. 10/1, 1653; Pfälz. 6, 173; Südhess. 5, 1086.

Sonnen-hitze f.: ‚große Hitze‘ Lehr Kurpf.[2] 139; *Der liewe Herrgott hodden* (den Wein) *halt / Mit Sunnehitz gekocht* Nadler 191. – Vgl. *Prügel-, Sauhitze.* – DWb. 10/1, 1654; Fischer 5, 1452; Pfälz. 6, 173; Südhess. 5, 1086.

Sonnen-hof m.: Hofn. Wildt./Krieger 2, 1028.

Sonn(en)-hohle f.: FlN, Gewanne mit guter Lage für den Weinbau, mehrfach in Gemeinden um Weil a. Rh., Bellgn und Müllhm; *Sonnenhohle* Hügelhm; *Britzinger Sonnhole* 1960 Britzgn; *d’ Sunnhohle* ‚sonniger Berghang‘ Auggen; dazu die *Sonnhohlengasse*, deren Lage heute unbekannt ist Müllhm/W. Fischer 199. – Zum Grundwort s. → *Hohl(e) 1.*

Sonnen-jahr s. u. → *Mäusejahr.*

Sonnen-kalb n.: FN; Zusatz zum Namen des Erstgeborenen derer von Deggenhausen (12.-14. Jh.); 1218 *Conrad Sunnenchalb* ZGO 1851, 75; nach Brechenmacher[2] 2, 625 in Anlehnung an die bei uns nicht belegte Bezeichnung für ‚Marienkäfer‘ „ÜN des glückhaften Menschen“. – DWb. 10/1, 1657; Fischer 5, 1451.

sonnen-klar *sunəglār* Münchw. – Adj.: ‚eindeutig‘ Schwendemann Ort. 3, 103; *Dann die Sach is sunneklor* Nadler 144. – DWb. 10/1, 1658; Fischer 5, 1452; Pfälz. 6, 173; Südhess. 5, 1086.

Sonnen-licht *sunəleäχd* Münchw. – n.: ‚von der Sonne ausgehende Helligkeit‘; *In Maldersäck fangemer ’s Sunnelicht, / Uf daß unser Kerchel seiñ Hellung doch kricht* Nadler 157. – Mhd. *sunnenlieht* ‚Sonnenschein‘. – DWb. 10/1, 1663; Fischer 5, 1453; Pfälz. 6, 173; Südhess. 5, 1086.

Sonnen-matt ON: Weiler Häg/Krieger 2, 1028.

Sonnen-pärbele *sunə̃bęrwələ* O.scheffl. – n.: ‚Sonnenschirm‘ Roedder Vspr. 529b. – Dim. in Anlehnung an → *Paraple* ‚Schirm‘, zu franz. *parapluie*, schon Anf. des 20. Jh. veraltet. – Els. 2, 75; Pfälz. 6, 173; Schweiz. 4, 1437; Südhess. 5, 1086 (jeweils als *-paraplü* o. ä. angesetzt).

Sonnen-plätzle n. (Dim.): ‚sonnige, warme Stelle‘; *die wörmschde Sunneplätzli* Boxbg/Ekkhart 1934, 86.

Sonnen-rieselen *suñərisələ* Gutmadgn. – Dim. Pl.: ‚Sommersprossen‘ Kramer Gutmadgn 290. – Zum Grundwort s. → *Riesel(en).* – Vgl. *Sommerrieselen*; Syn. unter → *Sommersprossen.*

Sonnen-scheck *sụnəšeg* Zell a. H.; Pl.: *-šęgə* eb. – m.?: ‚Sommersprosse‘ SSA IV/1.04. – Zum Grundwort s. → *1 Scheck*; Syn. unter → *Sommersprossen.*

Sonnen-schein *sunəšai(n)* so u. ähnl. Werthm, Sandhsn, Forchhm (Karlsr.); *sunəšīn* Münchw.; *sunvšīn* Reute (Emm.); *sõnnəšẽ* Möhrgn; *sunnəšī* Konst. – m.: **1) a)** ‚das Strahlen der Sonne‘ Platz 300, Schwendemann Ort. 1, 169, Kirner 154, Joos 156; *dr schönscht Suneschî* O. Fwglr 63; *wie ne Sunneschii so hell* Jung Brägel 17; *frei wie de S.* eb. 116; *so stoht er do im S.* Hebel 24, 27; *Sunneschei(n) un Summerdäägszug, des gheerd zamme, ...* Lehr Kurpf. 113; *Z’mol awwer ziahgt’s wia Sunneschi üwwer si G’siecht* Ganther Stechp. 82; Volksrätsel: *Was leit uff em Dach un konn nit mit hunnertdausend Tischtücher zugedeckt werde?* Antwort: *der Sonnenschein* Wibel Ra. 3. – **b)** ‚Tageslicht‘; 1481 *wer sein zinß nit gibt uff obgenanten tag bei dem claren sonnenscheinen ...* Seckenhm/Bad. Weist. 3, 234; 1559 *Und soll solches holz uf ein tag bei sonnenschein gehauwen ... werden* Grosssachsen/eb. 2, 219; 1654 *daß sie bey sonnenschein wider nach hauß kommen können* Allf./eb. 4, 169; 1770 *und muß der löser den letzten tag bei sonnenschein sich melden und einlösen* Schönbrunn/eb. 1, 181. – **2)** übertr.: ‚Freude, Glück‘; *ne Chorb voll Sunneschii* Jung Brägel 118; *ha my Hüüsli, / ha my S.* eb. 12; *Wie isch do her un hi / d’ Welt voller S., / wenn zwei so lieb sich hän* eb. 22; Sprichw. unter → *Regen 1.* – Mhd. *sunne(n)schîn* ‚Sonnenschein, Tageslicht‘. – Weiteres → *Rebland, Sankt;* vgl. *Sonnenlicht.* – ADV N.F. 12a; DWb. 10/1, 1672; Els. 2, 417; Fischer 5, 1453; Pfälz. 6, 174; Schweiz. 8, 813 (*Sunnenschin*); Südhess. 5, 1087.

Sonnen-schirm *sunə̃šęrəm* O.scheffl.; *súnəširm* Offenb., Reute (Emm.), Freib.; Dim.: *-šęrəmlə* O.scheffl. – m.: ‚zum Schutz vor der Sonne verwendeter → *Schirm 1a*‘ Roedder Vspr. 529b; die Sache ist Anf. d. 20. Jh. vielerorts ungebräuchlich. – Vgl. *Sonnendach 1.*

Sonnen-schmied m.: ‚Blechner, Flaschner‘, Kundensprache K. Ernst 334, A. Bertsch 44b. – Vgl. *Spengler.* – DWb. 10/1, 1678; Fischer 5, 1453 (*-schmid*); Pfälz. 6, 174.

Sonnen-segel *súnəsegl* Eberb. – n.: ‚aufgespanntes Tuch als Sonnenschutz‘. – DWb. 10/1, 1679.

Sonnen-seite f.: ‚die der Sonne zugewandte Seite‘; vorwiegend in der Ra.: *Är hètt’s Lääberli ùff de Sùnnesytte* ‚er trinkt gern übermäßig Alkohol‘ Schäuble Wehr 27; ähnl.: *De Hannes hat sei Lewwer uff de Sunneseite ghat, drum hat er halt efters mol ån iwwer de Dorscht getrunke* 1950 Bruchsal. – Vgl. *Sommerseite.* – DWb. 10/1, 1679; Fischer 6/2, 3129; Pfälz. 6, 175; Schweiz. 7, 1456; Südhess. 5, 1087.

Sonnen-spritzer *„Sunnäschbridzä“* Östrgn. – Pl.: Übername für die Bewohner von Mingolsheim Dischinger 178. – Fischer 5, 1453.

Sonnen-stecher *sụnəšdeχr* Gaisb., Hesselb., Hausach; *sụnəšdąxr* Schutterz. – m.: Tiern. ‚Libelle‘ 1932 Kilian 53. – Syn. unter → *Libelle, Seejungfer.*

Sonnen-stich *sunə̃šdiχ* O.scheffl.; *sụnəšdį̄š* Ottersh; *-šdiχ, -į-* Rapp., Mörsch, Kürz., Nonnenw.;

sunvšdiχ Reute (Emm.). – m.: **1)** ‚gesundheitliche Folge von zu langem Aufenthalt in der Sonne, Hitzschlag des Kopfes' Roedder Vspr. 529b, Meis. Wb. 157b, Zimmerm. hs. 285. – **2)** Tiern. ‚Libelle' Kürz., Nonnenw./Kilian 53; vgl. *Sonnenstecher*. – DWb. 10/1, 1683; Fischer 5, 1453; Pfälz. 6, 175; Schweiz. 10, 1305; Südhess. 5, 1088.

Sonnen-strahl m.: ‚von der Sonne ausgehender Lichtstrahl', häufig Pl.: *d sunəšdrālə* 1996 Münchw. – DWb. 10/1, 1684; Fischer 6/2, 3130; Pfälz. 6, 175; Schweiz. 11, 2210; Südhess. 5, 1088.

Sonnen-teuchler Pl.: Übern. der Bewohner v. Dettingen bei Konstanz, weil sie die Sonne in einem → *Teuchel* fangen und nach Hause bringen wollten; *Sonnedicchler* Heilig Ortsn. 132. – Fischer 5, 1454.

Sonnen-träub(e)le *sụnətrīwlə* Fautenb.; *-drīwli* Ottenhöfen; *-drīwl* Kappelrodeck; *-drīwili* Offenb., verbr. Kinzigtal. – n.: ‚Johannisbeere, Ribes rubrum, Ribes nigrum' Baur Kt. 120, Kilian 56, Fautenb./ZfdMu. 1914, 251, Ortenbg/eb. 1917, 160, Fautenb./Mitteil. 1919, 67; *d Sunnetribili umschüfle* ‚um die Johannisbeersträucher umgraben' Kurrus Kriagli 28. – Zum Grundw. s. → *Träubel 2*; Syn. unter → *Johannisbeere*.

Sonnen-uhr f.: ‚Zeitmesser, der durch den Lauf der Sonne und den dabei entstehenden Schatten funktioniert'; *d' Sunneuh(r) zählt grad heid(er)re Schdunne* Litterer 312. – DWb. 10/1, 1690; Fischer 5, 1454; Pfälz. 6, 175; Südhess. 5, 1088.

Sonnen-vogel *sonəfogl* Lörrach; häufig Dim.: *sọnəfēgələ* Karlsr.; *sụnəfēijələ* Nonnenw.; *súnəfēgilį* Lahr. – m.: **1)** Tiern. **a)** ‚Marienkäfer, Coccinella' Nonnenw./Kilian 52; Syn. vgl. *Herrgottskäfer(le)*. – **b)** dass. wie → *Schmetterling 1a* Lörrach/ZfdMu. 1910, 366, eb./Mitteil. 1919, 87. – **c)** ‚Libelle, Odonata' 2001 *Sunnävögeli* Müllhm; Syn. vgl. *Seejungfer*. – **2)** ‚Lichtreflex auf Decke oder Wand durch Spiegel oder Wasser' Baden-B., Lahr; *Sonnevögele mache* Karlsr. – DWb. 10/1, 1692; Fischer 5, 1454; SDS VI, 237.

Sonnen-wähen *sunəwaiə* Minseln. – m.: ‚Kuhfladen', scherzh. als eine in der Sonne gebackene → *Wähe* bez.; Scherzfrage: *wotš lieber e χêmidäifeli* (‚Speck', s. → *Kaminteufele*) *oder e sunnewâie?* 1932 Minseln. – Vgl. *Deische(n) 1a*. – Schweiz. 15, 1097 (*Sunnenwäijen*).

Sonn(en)-wende f.: ‚Zeitpunkt, zu dem die Sonne in ihrem Jahreslauf den höchsten/tiefsten Stand erreicht', in der ä. Spr. ist häufig speziell ‚Sommersonnenwende, → *Johannistag*' gemeint Kussmaul Jug. 51, oft als Datumsformel mit der Ergänzung *Johannestag* o. ä.; 1436 *vff sant Johannstag zů sunwenden* Gaienhfn/Alem. 15, 4; Anf. 16. Jh. *Dis gelupt werden ir halten unz ůf den nechsten sant Johanns tag ze sonnwenden* Überl. Stadtr. 169; 1555 *auf sant Johanns tag zů sunwenden* eb. 401; 1731 *von angehendem Maien bis Johannis Sonnewendin* eb. 667. – Mhd. *sunnewende*; in hist. alem. Urk. u. ä. ist das Syn. → *Sonn(en)gicht* verbr. – Weiteres → *Johannisfeuer;* vgl. *Sommerjohanni*. – DWb. 10/1, 1696; Fischer 5, 1454; Pfälz. 6, 175; Schweiz. 16, 437; Südhess. 5, 1088.

Sonnen-wichser *sụnəwigsər* Muggensturm; *-wịgsv* Plittersd. – m. (Pl.): Neckname für die Bewohner von Rauental 1977 Muggensturm, 1976 Plittersd., in Anspielung auf die dort aufgehende → *Sonne 1a*. – Zum Grundw. s. → *wichsen* ‚polieren'.

Sonnen-wirbel(e) *sụnəwịrw(ə)l* Kraichgau, um Karlsr., O.weier (Rast.), Ottersw., Villgn; *-werwəl* Karlsd.; *sụnvwịr(v)wəl* Mörsch; *sunəwerbl* Baar; *-wirbil* um Freib.; *-wirb(ə)l* Tegernau, Schopfhm, Stockach; *sõnəwịrbl* Rammersw., Kenzgn, Villgn, vereinz. Baar, Möhrgn; meist aber im Dim.: *sonə-, sụnə-, sunə-* (vgl. → *Sonne*) *-wẹrwəli* O.scheffl.; *-wẹrwilə* Rapp.; *-wẹrwilin* Kraichgau; *-wẹrwələ* um Karlsr.; *-wịrwələ, -įv-* um Karlsr., Meissenhm, Hornbg (Schwwaldb.), Urach; *-wīrmlə* Bietighm; *-wịrwəli* Lahr, Kappel a. Rh., Freiamt, Schollach, Raitb.; *-wịrwili* verbr. Ortenau, Schonach, Breisgau, vereinz. Markgräflerland; *-wịrb(i)li, -wịrbəli* oft neben *-wịrbələ* vereinz. um Karlsr. und in MBaden, verbr. südl. Ortenau, Breisgau, Hochschwarzwald, vereinz. Markgräflerland und am Hochrhein; *-wīrbịlį* Todtm.; Pl.: *„Sunnewerwelen"* Hagsf., sonst meist Pl. wie Sg. – m., Formen mit *-lə, -li* meist n., aber auch m. (Teningen, Freiamt): PflN. **1)** ‚Feldsalat, Valerianella olitoria bzw. locusta' Roedder Vspr. 529b, Meis. Wb. 157b, Waldangelloch, Humburger 158, Karlsd., P. Waibel 55. 187, Rittler 127, Ettlgn, Ottersw./ZfdMu. 1911, 67, O.weier (Rast.)/eb. 1916, 285, vereinz. NSchwarzwald und Ortenau, Kilian 55, Schwendemann Ort. 1, 161, Fleig 13. 136, verbr. Breisgau und Hochschwarzwald, Klausmann Br. 25, vereinz. Markgräflerland und Dreiländereck, Pfrengle Harthm 67, Schopfhm/Alem. 43, 149; *gale Sunnewirbele* ‚eine gelbblättrige Sorte Feldsalat' Münchw./Mitteil. 1944, 412; Syn. unter → *Rapunzel*. – **2)** ‚Löwenzahn, Taraxacum officinale' Kramer Gutmadgn 290, Kirner 157, Menngn, Neudgn, Sunthsn, Villgn/Mitteil. 1919, 74, Tegernau/Badener Land 1921, 66, Schopfhm/Alem. 43, 149; *soñen wirbel die mā taraxacon nennt* Pict. Leibs Artz. 115a. Zur räuml. Verbreitung sowie zu Syn. s. Kt. → *Seichblume/Seicher*. – **3)** ‚Sonnenblume' Stockach/Fuchs 62. – Mhd. *sunnenwërbel, -wirbel* als Bez. für versch. Pflanzen/Blumen. – DWb. 10/1, 1703; Els. 2, 847; Fischer 5, 1455; Pfälz. 6, 176; Schweiz. 16, 1160; SDS VI, 123; SSA IV/4.11; Südhess. 5, 1089.

Sonnenwirbele-salat *„Sonnewirweles-, -werwelessalat"* Karlsr.; *sunəwimlə-, -winləsalād* Malsch (Ettl.); *sunəwịrwilisalād* Münchw.; *sunvwirbilisolād* Reute (Emm.). – m.: **1)** ‚Feldsalat' Kranich 34, Schwendemann Ort. 1, 68, Malsch (Ettl.)/ZfdMu. 1911, 67, eb./Mitteil. 1919, 72, Karlsr./Bad. Heim. 1916, 51, O.münstert. – **2)** ‚Endiviensalat' Karlsr./Kranich 34. – Fischer 5, 1455; Südhess. 5, 1089.

Sonnenwirbel-millionär *„Sonnewerweles-Millionär"* Karlsr. – m.: Übern. für einen Gartenbau-Unternehmer in Aue bei Durlach Kranich 38.

Sonnenwirbel-wurzel f.: ‚Wurzel des Feldsalats'; 1819 *So eine Frau Brustwehe ... hat. Nimm Sonnewirbelwurzen, brich sie, ... gieb ihr darab zu trinken* Arzneybuch Bierbr. 18.

Sonnen-wirt *sunəwerd* Werthm; *sunvwirt* Reute (Emm.). – m.: ‚Inhaber/Ausschenker eines Gasthauses *„Zur Sonne"*'; die weibl. Form ist *Sunnawirti* Reute (Emm.); Ra.: *unər Hergod wesəs guud, awər der Sunəwerd wesəs besər!* Platz 300; *Ä Arsch wiä's Bärewirts Garasch, un Libbl* (‚Lippen') *wiä's Sunnewirts Dribbl* (‚Treppenabsatz', vgl. → *Trippel 1*) Schmider KK 2, 46. – Weiteres → *Elisabeth 3, Maria 2b*. – DWb. 10/1, 1705; Fischer 5, 1455; Südhess. 5, 1089.

Sonnen-ziegel m.: ‚Flachziegel mit sonnenähnlichen Zeichen' Langensteinb., Durlach/Turmberg 1961, 148, Abb. auf S. 141. – Vgl. *Sonne 3*.

Sonnen-ziel n.: FlN Keppenb., Berg am rechten Ufer des Brettenbachs. Der Ort, an dem die Sonne, vom Kloster Tennenbach aus betrachtet, untergeht. 1178 *Sunnuncil* Krieger 2, 1028; 1341 *Sunenzil* eb.

Sonnen-zwirbele n.: ‚Feldsalat, Valerianella olitoria'; *Sunnezwiabili* O.rotweil, O.ried; *Sunnezwirbele* Schopf-

HM/ALEM. 43, 149. – Nebenform zu → *Sonnenwirbele.* – Fischer 5, 1455 *(-zwirbel).*

Sonn-halde f.: FlN, bezeichnet meist einen nach Süden geneigten Hang; *Sunnhalde* O.MÜNSTERT., WEHR; auch Straßenname FREIB. u. ö. – Vgl. *Sommerberg, -buck, -halde, Sundberg.*

Sonnhohlen-gasse s. u. → *Sonn(en)hohle.*

sonnig *suniš* SANDHSN; *suni* OTTERSD.; *sunig, -u-* MÜNCHW., REUTE (EMM.), HORBEN, LÖRRACH, HOTTGN, BOHLGN, KONST. – Adj.: **1)** ‚von der → *Sonne 1a* bestrahlt, erwärmt' RUF 42, SCHWENDEMANN ORT. 3, 103, BECK 105, HOTTGN./UMFR., JOOS 131; *'s isch arig sunnisch heit* LEHR KURPF.[2] 139; *s hed wōl an dęm sųnigə blads als šlaŋə ghǭ* 1970 REUTE (EMM.); *Wie stöhn an sunnige Halde / Reben an Reben uf!* HEBEL 1, 199; *d lę̄rxə dį węrə jǭ maišdns derd nāgsedsd uf d sųmərsįdə wō s sųnig įš* 1955 HORBEN; *'s isch e prächdigs Wedder gsi, d'r erscht sunnig Dag im Früehjor* GANTHER STECHP. 57; *e prächdigs, sunnigs Bückili, wo's Keschde, Pfirschig un Kriase druf gitt* eb. 9. – **2)** ‚fröhlichen Gemüts'; *ɒ sunnigɒ Mänsch* REUTE (EMM.). – Mhd. *sunneclich* ‚sonnig'. – Weiteres → *rauchicht 1a, I Riemen 3c;* vgl. *hintersünnig.* – DWb. 10/1, 1708; Els. 2, 363; Fischer 5, 1456; Pfälz. 6, 176; Schweiz. 7, 1103; Südhess. 5, 1089.

Sonn-matte f.: FlN, Wiese auf der Südseite; 1752 *die Sonn-Matt genant nächst am Schlößlin Rosenburg* MÜLLHM/W. FISCHER 200, Lage heute unbekannt. – Vgl. *Sommermatte.*

Sonn-tag *sundāχ* BOXT., STEINB. (WERTH.), GAMBURG, WALLDÜRN, EBERB., NECKARGERACH, WOLFARTSW.; *sun-, sundāg* GRÜNENWÖRT, WESSENT., TAUBERBISCHOFSHM, verbr. Kurpfalz, mancherorts Kraichgau, OFFENB. (hier neben *sųndįg*); *sondāχ* FREUDENBG, MUDAU; *sundǭχ* VOCKENROT, WERTHM, WALDENHSN, KÜLSHM, WERB.; *sųn-, sundǭg* O.BALB., mancherorts Kurpfalz; *sondāg* vereinzelt NW-Baden; *sųn-, sundį* verbr. NO-Baden, Rheinebene zw. Murg und Schutter, mancherorts nördl. Schwarzwald, ALTENHM, MEISSENHM, NONNENW., WITTENW.; *sunde* LINDELB., URPHAR, DERTGN, DIETENHAN, KEMB., NIKLASHSN, O.WITTIGHSN, KÜTZBRUNN; *sondi* ILMSPAN, MUDAU, SASB. (ACHERN), LEGELSH.; *sų̃ndį* KAPPELWI.; *sųnį, sunį* O.SCHEFFL. (neben *sunī*), AUERB. (MOSB.), KATZENT., SULZB. (MOSB.), WALDMÜHLB., mancherorts um RASTATT; *soni* U.SCHEFFLENZ; *sųn-, sundįχ* verbr. Kraichgau, vereinzelt weiter südlich bis etwa zur Murg, HERRENWIES, ETTHMMÜNSTER, MÜNCHW., SCHILTACH, SCHWEIGHSN; *sõndiχ* PFORZHM; *sondiχ* AGLASTERHSN, WÖSSGN, BRETTEN, NÖTTGN, SINGEN (PFINZ), WILFERDGN, LANGENSTEINB., WEILER (PFORZH.), BÜCHENBRONN, DILLSTEIN, ÖSCHELBRONN, KNIEBIS; *sųnig, -u-* AU A. RH., MÖRSCH, NEUBURGW., MALSCH (ETTL.), verbr. entlang der Murg, LICHTENT.; *sųn-, sundig* vereinzelt N-Baden, verbr. in ganz SW-Baden, vereinzelt SO-Baden; *sondig* BRUCHHSN, ETTLGN, ETTLINGENW., STEIN (PFORZH.), SULZB. (ETTL.), BRÖTZGN, NIEFERN, WEIER, REICHENB. (HORNBG), SCHONACH, GREMMELSB., BRIGACH, VÖHRENB., O.BALDGN; *sų̃ndig, sũndig* SCHENKENZ., VÖHRENB., BREITNAU; *sųdig* SIMONSWALD (neben *sųndįg*); *sųn-, suntįg* mancherorts südl. Schwarzwald, verbr. Hotzenwald u. in ganz SO-Baden; *sųntįkx* ROTZGN (neben *sųntįg*); *sų̃ntig* WOLTERDGN, PFOHREN, ZOZNEGG, MARKELFGN; *sųñtįg, -u-* SUNTHSN, RAITHASLACH, SINGEN A. H.; *sų̃ñtįg* ENGEN; *sǫntįg, -o-* LANGENSCH., HEINSTET., ALTHM (MESSK.), HEUD. (MESSK.), MÖHRGN; *sõntįg,* HAUSEN I. T., GUTENSTEIN, MÖHRGN; s. a. Karte → *Sonntag;* Pl. verbr. wie Sg., jedoch *sundę̄g* Pfalz/NADLER 195; *sųndįgə* HALTGN. – m.: **1) a)** ‚der auf den Samstag folgende Wochentag', in der christlichen Tradition ein Ruhetag, an dem in der Regel nur die morgendlichen und abendlichen Stallarbeiten, aber keine sonstigen Arbeiten, verrichtet wurden. Der *S.* wurde in vielerlei Hinsicht (u. a. Kleidung, Essen, vgl. die folgenden Komposita) feierlich begangen PLATZ 300, BAUER HEMSB. 32. 54, HUMPERT MUDAU 207, LENZ WB. 66a, LIÉBRAY 276, ROEDDER VSPR. 529b, FREI SCHBR. 151, DISCHINGER 178, MEIS. WB. 157b, C. KRIEGER KRAICH. 95, P. WAIBEL 92. 160. 187, WAGNER 184, O. SEXAUER 139, RUF 42, F. SCHLAGER 62. 74, R. BAUMANN 97, R. BAYER 24, BAUR 90. 93. 246, KLAUSMANN BR. 29, TWISTE 56, FLEIG 33. 150, BESCH 29, PFRENGLE HARTHM 84, SCHÄUBLE WEHR 143, W. ROTHMUND 11, KRAMER GUTMADGN 289, KIRNER 157. 280. 517, W. LANG 16, FUCHS 15, E. DREHER 29. 53, W. SCHREIBER 31, JOOS 131. 218, KENZGN/ZFHD MU. 3, 94, ZAISENHSN/ZFDMU. 1907, 269, O.WEIER (RAST.)/eb. 1916, 285. 350, RÜSSWIHL/MEIN HEIMATL. 1937, 209; 1327 *alle drie wocha zwen dunrstage und den driten samestag und alle sunentage* ADELH. URB. 3; 1402 *an sunnentagen* FREIB./TH. FRANK 79; 15. Jh. *Item uff hůtt sundag vor sant Sebastions tag ...* STEINMAUERN SEELBUCH/FREIB. DIÖZ. ARCH. 2001, Nr. 100; 1520 *dry Sontag nacheinandern* FREIB. STADTR. 27a; 1520 *nit zů abent am Sontag / vnd darnach am nechsten Ratßtag* eb. 27b; 1681 *Zum vierten solle kein maister, knecht oder lehrjung an sonn- und feirtägen ohne erlaubnus nicht fischen* NEUENB. STADTR. 138; *am sundįk də mǫrgə* 1971 U.BRÄND; *am sųndįg tsmįdāg* 1971 LAUSHM; *am Sundi noch der Owedschkirch* (Abendkirche) GÖTZELMANN 382; *am e Sunndig z'nacht, wo i im Kopfwirtshus g'hockt bin* GANTHER STECHP. 119; *bįs ǫm sųdig* 1968 SIMONSWALD; *am Sundich Węgə od'r Kuèchə* ‚am *S.* (gibt es) Brötchen oder (selbstgebackenen) Kuchen' SCHWENDEMANN ORT. 1, 71; *dr Sunndi iilidde* (einläuten) G. MAIER 101 (vgl. → *anläuten*); *Am Sunndig isch in Zell a Primizfir* (Primizfeier) SCHMIDER KK 111; *Letschte Sunni hänn se gwunne* G. MÜLLER 47; *Villichd kumm i am Sundi uff Aldene* MARX A II; *s' blangèt mi uff dè Sunntig* ‚ich sehne mich nach dem *S.*' ELLENBAST 74; *gel sęl war am sundig fǫr ax dāg* 1973 NEUST.; *am sundig węrə si brǭdis* (Braten) *ha* KETTERER 36; *Am Sunndig het's Kirnibrod* (→ *Kürnenbrot*) *vum Beck gei* ST. MÄRGEN/Schulheft 1968, 16; *das nint rumlit un d Schtube sufer ufgwêrt isch über de Sundig* O. FWGLR 39; *wämmer nät en de Kärich* (Kirche) *gwäst isch, no isch koin Sunndich gwäst* HUMBURGER 187; *Un am nächschde Sunndag gehn mer All / Unsern liewe Herrgott consuldire, / Singe, bede, beichde, cummnicire* NADLER 152; *doch het er / zytli 's Wirtshuus gliebt, un über Bibel un Gsangbuech / sinn em d'Charte gsi am Samstig z'Nacht un am Sunntig* HEBEL 6, 27; Ra.: *na e me* (nur an einem) *Sunndag fe(r)disch bringe* ‚nur selten gelingen' LITTERER 312; *uhne Sunndag koon We(r)dag* eb.; *am sųndig sot mə halt e ruš hā, daß mer am mēndig e kęrli įš* 1927 AU (FREIB.); *vrkummsch e Sunndi fir e Wegge* ‚eine bescheidene Belohnung' G. MAIER 161; zu Kindern, denen man kein Trinkgeld geben will: *grįęgš ęmōl ę sų́ndig firə wę̄gə* 1932 GENGENB. u. SCHWAIB.; Wetterregeln (s. a. u. → *I Freitag 1, Schwanz 3g*): *Wiä de Sundig s Wädder will haa, fangd er am Fridigzowe scho aa* STRUBE WESCH 68, ähnl.: *Was der Suntik will ha, fangt der Fritik scho a* EMMENDGN; *Wiä de Fridig om Schwonz, so de Sundig gonz* SCHMIDER KK 2, 44, ähnl. ELLENBAST 70; Volksglaube: am *S.* darf man nicht stricken 1932 SEEB. (ACHERN). – **b)** in fester Verbindung mit Adj., zur Bez. best. *S.* α) *Weißer S.* ‚der erste Sonntag nach Ostern', bei Katholiken trad. der Tag der Erstkom-

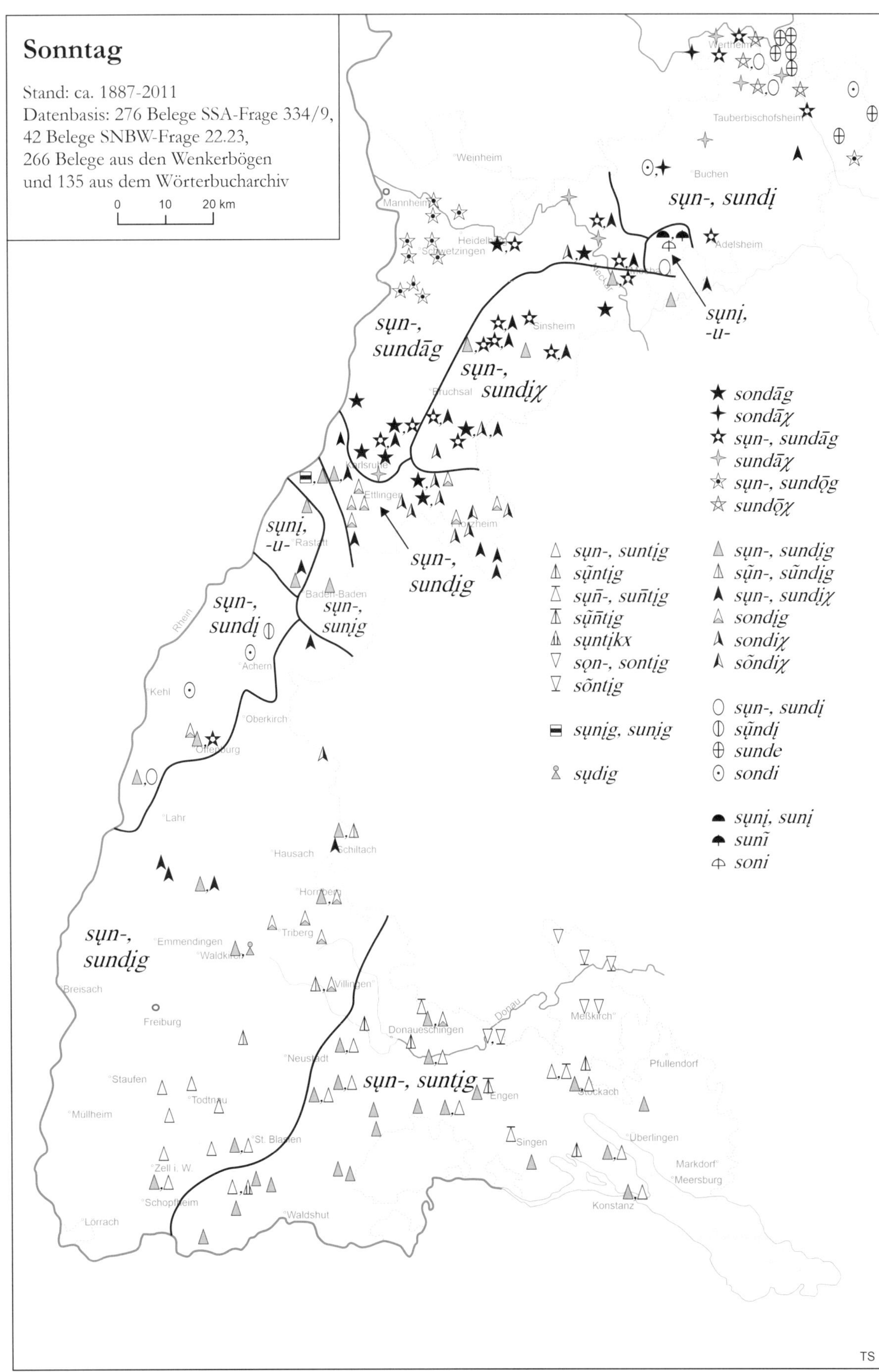
Sonntag
Stand: ca. 1887-2011
Datenbasis: 276 Belege SSA-Frage 334/9,
42 Belege SNBW-Frage 22.23,
266 Belege aus den Wenkerbögen
und 135 aus dem Wörterbucharchiv
0 10 20 km
sụn-, sundį
sụnį, -u-
sụn-, sundāg
sụn-, sundįχ
sụnį, -u-
sụn-, sundįg
sụn-, sundį
sụn-, sunįg
sụn-, sundįg
sụn-, suntįg
sondāg
sondāχ
sụn-, sundāg
sundāχ
sụn-, sundǭg
sundǭχ
sụn-, suntįg
sũntįg
sụn̄-, sun̄tįg
sũn̄tįg
sụntįkx
sọn-, sontįg
sõntįg
sụnįg, sunįg
sụdig
sụn-, sundįg
sũn-, sũndįg
sụn-, sundįχ
sondįg
sondįχ
sõndįχ
sụn-, sundį
sũndį
sunde
sondi
sụnį, sunį
sunĩ
soni
TS

munion 1894 Berolzhm/Umfr., 2010 Elzach, 1979 Gutenstein; *dr wis sụndi* Meng 269; *Zum Wiisse Suntig 1927 han i mit miire Muoder dürfe uf Friiburg fahre zum Onkel Theodor* Thoma Hütten 34. – β) *Schwarzer S.* ‚der erste Passionssonntag', der *S.* vor dem → *Palmsonntag* St. Märgen/Schulheft 1968, 35, s. a. u. → *schwarz 2c.* – γ) *goldener S.* s. u. → *golden 1c.* – **2)** ‚ein Feld im → *Wochenspiel*' Freib. – Mhd. *sunne(n)-, suntac.* Laut DWb. 10/1, 1710 kommen Formen mit *-o-* erst ab dem 15. Jh. vor. – Weiteres → *Ahnung, Amt 3, ankommen 2, anlegen 1, ausfahren 2, I bis 1b, Tanz 1, daran, der 1g, Feierabend 1, vierzig, früh 1aα, gar 3c, Heiligtag 1, herumglunken, Hockenbleiber, Hund 1, Hurst 1a, Kesse, Kinderlehre, Kirche B1, Kirchweih 1, Kragen 3a, leislich, Morgen 1, müssen B2c, natürlich 2, Nudel 1a, nudeln 2a, Rebensaft, III Reihen, Samstag 1, Schilesäckle, Schneider 1a, I sein 2d, seit 1, Sonntagfreude, sonst 3a;* vgl. *Altfastnacht-, Palm-, Bauern-, Pfingst-, Toten-, Dreifaltigkeits-, Erntegans-, Ernte-, Fasten-, Fastnachtküchle-, Fastnacht-, Frei-, Funken-, Herren-, Hirten-, Jungfern-, Kirchweih-, Küchlefastnacht-, Küchle-, Lätare-, Maien-, Mai-, Meß-, Oster-, Rosen-, Sauser-, Scheiben-, Wecken-, Weiber-, Zechsonntag, Monatsonntage.* – Atlas dVk. 7. 9d; DWb. 10/1, 1710; Els. 2, 666; Fischer 5, 1456. 6/2, 3130; Pfälz. 6, 176; Schweiz. 12, 1008; SDS VI, 9; Südhess. 5, 1089.

Sonntag-abend → *Sonntag(zu)abend.*

Sonntag-(am)-morgen *sundimọ̄rjə* Gamsh.; *sundigmọ̄rgə* Münchw., Neust.; *sụ́ndigəmōrgə* Lörrach. – m.: ‚die frühe Tageszeit am Sonntag' Schwendemann Ort. 2, 44, Beck 98; *im Fride vum Sunndigmorge* Epple Doo 45; *wẹn įχ am sundimọ̄rjə įn d frīmęs* (Frühmesse) *gē* 1955 Gamsh.; *Früherhiñ an schöne Sunndäg-Morge / Bin ich naus als gange in de Wald* Nadler 116. – Mhd. *suntacmorgen.* Zur Wortbildung vgl. → *Sonntag(zu)abend.* – Weiteres → *Diele 1, Kirche 2;* vgl. *Sonntagvormittag.* – DWb. 10/1, 1726; Pfälz. 6, 177; Südhess. 5, 1093.

Sonntag-arbeit f.: ‚ausführende Tätigkeit, die sonntags verrichtet wird', ist allg. verpönt bzw. in der Regel nicht erlaubt; *Sunndigarwed bringd kai Seege* Strube Wesch 68. – DWb. 10/1, 1720; Pfälz. 6, 178; Südhess. 5, 1091.

Sonntag-bergweg *sundibę́rgwēg* Hörchenbg. – m.: FlN, steiler Weg vom Hörchenberg nach Sasbachwalden, am Sonntag als Weg zur Kirche benutzt Hörchenbg, daher auch → *Kirchenweg.*

Sonntag-ellenbogen *sundigeləbōgə* Tribg. – m.: ‚der empfindliche Nerv am Ellenbogen'; *hau dr Sundigeləbōgə n ā̜gschlāgə* Fleig N. 6. – Vgl. *Narrenknöchele.*

sonntagen *sụndigə* mancherorts Markgräflerland; Part.: *gsụ́ndigəd* Lörrach. – schw., refl.: ‚sich festlich/dem Sonntag angemessen kleiden' Glattes 12, Feldbg/Markgr. 1933, 150; *dū bįš gsụ́ndigəd!* 1936 Lörrach; *er isch halb gsuntiget* Meis. VW. 38. – Vgl. *anlegen 1.* – Fischer 5, 1458; Schweiz. 12, 1031.

Sonntag-essen *sundiχesə* Münchw. – n.: ‚das reichliche, gute Essen am Sonntag' Schwendemann Ort. 1, 62. – Weiteres → *I Mus 1;* vgl. *Sonntagsbraten;* Ggs. → *Werktagessen.* – DWb. 10/1, 1721; Pfälz. 6, 178; Südhess. 5, 1092.

Sonntag-filzhut *sundiχfildshuəd* Münchw. – m.: ‚der gute/feine → *I Hut 1,* der am Sonntag oder zu besonderen Anlässen getragen wird' Schwendemann Ort. 1, 80. – Südhess. 5, 1092 (*Sonntagshut*).

Sonntag-freude f.: ‚besonderes Glücksgefühl'; *sin* (die Blumen) *voller Sunndigfreud* Jung Brägel 22; *wünsch Werchtigmuet un Sunndigfreud* eb. 119; *Wo isch der Weg zuer Sunntigfreud? / Gang ohni Gfohr im Werchtig noo / ... Der Sunntig wird scho selber choo* Hebel 32, 13.

Sonntag-fürtuch *sundiχfirduəx* Münchw. – n.: ‚die gute/feine Schürze, die am Sonntag oder zu besonderen Anlässen getragen wird', „schwarzseiden" Schwendemann Ort. 1, 79. – Els. 2, 649; Schweiz. 12, 279.

Sonntag-geld *sundāxgeld* Philippsburg; *sunigeld* Ötighm; *sụndigeld* Halberstung. – n.: ‚eine Art Taschengeld für den Sonntag', erbaten früher die Kinder von den erwachsenen Verwandten, um sich „vergnügen" zu können Odenwald MPh. 75; *dɒ glę̄nə kinɒ īɒ sụndigeld* 1955 Halberstung; *d mūdɒ had mɒ dsē bfęnį sunigeld gewə* 1973 Ötighm. – Vgl. *Sackgeld.* – Pfälz. 6, 179; Südhess. 5, 1092.

Sonntaghals-loch *sóndighalslox* Gremmelsb., Schonach. – n.: dass. wie → *Sonntagshals* Fleig 136.

Sonntag-hemd *sụndihamt* Auenhm; *sundiχhęm* Münchw. – n.: ‚am Sonntag oder zu versch. festlichen Anlässen getragene Oberbekleidung der Männer', „farbig" Meng 165; *s Sundichhäm mid Graagə* (Kragen) Schwendemann Ort. 1, 80. – Ggs. → *Werktaghemd.* – Pfälz. 6, 179; Südhess. 5, 1092.

Sonntag-kuchen *sundiχkuęxə* Münchw. – m.: ‚für den Sonntag gebackener → *I Kuchen*'; „Hefeteig, Rührteig, Biskuit" Schwendemann Ort. 1, 70.

Sonntag-kutte f.: dass. wie → *Sonntagskittel; Suntikuttä* Siegelau/Alem. 25, 57. – Zum Grundwort vgl. → *I Kutte 1;* Ggs. → *Werktagskutte.* – DWb. 10/1, 1725; Schweiz. 3, 574.

sonn-täglich, -taglich *sụndēglįš* so und ähnlich Oftershm, Altlusshm, Hockenhm; *sundāglįš* Neulusshm; *sundā̜gliχ* Münchw. – Adj.: **1)** ‚dem Sonntag angemessen, fein, festlich', besonders in Bezug auf Kleidung gesagt Frei Schbr. 151, Liébray 276. – **2)** ‚regelmäßig am Sonntag stattfindend/wiederkehrend' Schwendemann Ort. 3, 103. – Vgl. *sonntags 2, sonntag(s)ig.* – DWb. 10/1, 1719.

Sonntag-liese *sundilis* Altenhm. – f.: Übername einer bestimmten Frau aus Hohnhurst Marx 49.

Sonntag-mittag → *Sonntag(zu)mittag.*

sonntag-morgens *sundiχmorχidš, sundimórχədš* Hettgn. – Adv.: ‚am → *Sonntagmorgen*' Hettgn/ZfdMu. 1918, 149. – Weiteres (Wetterregel) → *Amt 3, insgesamt.* – Südhess. 5, 1093.

Sonntag-nachmittag *sundaxnoxmidā̆x* Werthm; *sundignumidāg* Münchw. – m.: ‚die Zeit zwischen Mittag und Abend am Sonntag' Platz 300, Schwendemann Ort. 2, 44; *Sundichnummidag* Schiltach/Orten. 1967, 76; *en ganze Hüfe Büachr ... Do ka mër si mænkë Sundignomidag verwîle dermit* O. Fwglr 20; *un wenn anderi Lehrbuewe am Sunndig nomidag bim Meili oder bim Bertsch Biar trunke hen, isch er mit eme Buech am Kinzigdamm g'hockt* Ganther Stechp. 97. – DWb. 10/1, 1726; Pfälz. 6, 177.

Sonntagnachmittag-peter *sundignómidagpę̄dər* Hofstet. – m.: ‚ein Kittel der Frauen und Mädchen', Teil der Sonntagskleidung. – Zum Grundw. vgl. → *Peter 2d.*

Sonntag-predigt *sündighredig* Radolfz. – f.: ‚vom Pfarrer gehaltene Ansprache im Sonntagsgottesdienst'; *Wo ner schafft an syner Sundigpredig / Stöhnet der Vikari: „Seig mer gnädig!"* Burte Mad. 323. – DWb. 10/1, 1726; Pfälz. 6, 179.

sonntags *sụndāgs* so u. ähnlich Weinhm, Eberb., Östrgn; *sundiš* Hettgn; *suniš* O.scheffl.; *sundiχs* so u. ähnlich mancherorts Kraichgau; *sunigs* Muggensturm; *sunįs* Ottersd., Wintersd.; *sündigs* Schenkenz. – Adv.: **1)** ‚jeweils am Sonntag' Hettgn, Dischinger 178, Meis. VW. 157b, Schwarz 76, Ruf 42, Baur 93; *sunndags geh mer als in de Wald* H. Schmitt[2] 10; *en de Gerschdekaffee häwwe sich sunndichs als aa e paa richdiche Kaffeeboune noi verärrt*

Humburger 207. – Adj.: **2)** ‚dem Sonntag angemessen, fein, festlich', bes. in Bezug auf Kleidung gesagt; *Laß dich sunntig's machen!* Wörner Orchid. 363; *buds mər əmōl mə sunīšə* ‚putze mir einmal meine sonntäglichen (Kleider, Schuhe)' Roedder Vspr. 529b. – Weiteres → *Lehrer, Mist 1a, sitzen 1b;* vgl. *sonntäglich;* Ggs. → *werktags.* – Els. 2, 667 (*sunntig*); Pfälz. 6, 177; Südhess. 5, 1090.

Sonntags-anzug *sundāxsōdsuχ* Werthm. – m.: ‚ein guter → *Anzug 2*, den man am Sonntag trägt' Platz 300. – Vgl. *Montur 1.* – DWb. 10/1, 1720; Pfälz. 6, 178; Südhess. 5, 1091.

Sonntag(s)-braten *sundiχsbrōdə* mancherorts Kraichgau; *sundibrōdə* Halberstung. – m.: ‚besonderer, feiner → *Braten 1* für den Sonntag' Humburger 187; *des hęd ən gūdv sundibrōdə gen* 1955 Halberstung. – Weiteres → *Schlüsselloch;* vgl. *Sonntagessen.* – DWb. 10/1, 1720; Pfälz. 6, 178; Südhess. 5, 1092.

Sonntag-schoppen *sundišobə* Appenw. – m.: ‚Trunk (→ *Schoppen 2a*, Wein oder Bier), den man sich am Sonntag gönnt' G. Maier 152. – Schweiz. 8, 1021.

Sonntag-schule *sundišūəl* Auenhm; *sundiχšuəl* Münchw. – f.: **1)** ‚Fortbildungsschule am Sonntag' Schwendemann Ort. i, 55. – **2)** ‚Religionsunterricht für die Nicht-Konfirmierten' Meng 188. – Vgl. *Kinderlehre.* – DWb.10/1, 1727; Els. 2, 410; Fischer 5, 1458; Pfälz. 6, 180; Schweiz. 8, 623; Südhess. 5, 1094.

Sonntags-fischer *sundigsfišər* Auenhm. – m.: Übername für Sportangler, von Berufsfischern verwendet, um ihre Geringschätzung gegenüber Freizeitanglern zum Ausdruck zu bringen Fluck 473. – Vgl. *Sonntagsjäger.*

Sonntags-frack m.: ‚der am Sonntag getragene Gehrock'; *Do e Fleckel dort e Fleckel / fertisch is des Sunndaagsfräckel* Schick 17. – DWb. 10/1, 1721; Südhess. 5, 1092.

Sonntags-gesicht n.: ‚besonders fröhlicher, heiterer Gesichtsausdruck'; *zume Sunndichskiddl ghäärt aa e Sunndichsgsicht* Humburger 187. – DWb. 10/1, 1722; Els. 2, 325; Fischer 6/2, 3130.

Sonntag(s)-gewand n.: ‚Kleidung für sonntags und für festliche Anlässe'; *Wie gfall ich in mym Sunntiggwand?* Hebel 35, 59; *d'r Harzbur awwer het 'm g'schwind si Sundigsg'wand g'holt* Ganther Stechp. 68. – Vgl. *Sonntagsanzug, -häß, -kleid, -klüftle, -plunder, -staat.* – DWb. 10/1, 1722; Fischer 5, 1458; Pfälz. 6, 172; Schweiz. 16, 394; Südhess. 5, 1092.

Sonntags-gurgel *súndāgsgōrjəl* Eberb.; *-gōrgəl* Weinhm, Sandhsn. – f.: dass wie → *Sonntagshals*, bes. in Ra.: *s īšəm ēbəs in di súndāgsgōrjəl kímə* ‚es blieb ihm etwas in der Luftröhre stecken, er hat sich verschluckt' Eberb. Geschichtsbl. 9; *'s isch mer ebbes in d' Sunndagsgorgel kumme* Lehr Kurpf.[2] 139, ähnlich Bräutigam So 124; *Dess ischmä änn mäi Sunndaagsgurrijl kummä* Dischinger 178; *Ich häb ebbes in die Sunntagsgorgel kriegt* H. Schmitt[2] 126. – Pfälz. 6, 179; Südhess. 5, 1092.

Sonntag(s)-hals *sunihals* Bietighm; *sundihals* Appenw., Altenhm, Schutterwald; *sundighals* Hofw., Tribg; *sóndighals* Gremmelsb., Schonach; *sundigshals* mancherorts bad. Oberland, Breisgau; *suntigshals* Todtm., Radolfz.; *suntighals* Wehr. – m.: ‚Luftröhre' Bleib., Todtm.; bes. in Ra.: *ebbs in dr Sunndihals vrkumme* ‚sich verschlucken' G. Maier 161; *s isch em ebs in de Sundihals kumme* ‚er hat sich verschluckt' Braunstein 58, ähnlich Bayer 63, Ellenbast 70; *s isch mòr in dè Sunnihals kommè* Rittler 184, ähnlich Marx A II, Glock Breisg. 27, Fleig 135, Zimmerm. hs. 285; *Sisch ere ebbis in dr Sunndigshals kumme* A. Müller i, 108; *hęsch öbbis in Sunntighals kchriəgt?* Schäuble Wehr 143. – Vgl. *Vaterunsergurgel, letz 2a, Sonntagsgurgel;* Ggs. → *Werktagshals.* – DWb. 10/1, 1722; Els. 1, 328; Fischer 5, 1458; Pfälz. 6, 179; Schweiz. 2, 1210.

Sonntag(s)-häß *sundigshęs* so u. ähnlich 1934 Hornbg (Schwwaldb.), St. Georgen i. Schw., Neuk., Rüsswihl, Radolfz.; *sundighęs* 1932 Königsf., Schollach, Gutmadgn, Hintschgn; *suntig-* mancherorts Wiesental, Sunthsn, Stockach, 1921 Leustet.; *soñtikhęš* Möhrgn. – n.: dass. wie → *Sonntagsgewand* M. Braun 148, Krupp-Kleiser 166, Meis. VW. 23, Kirner 307, Ellenbast 70, Rüsswihl/Mein Heimatl. 1937, 207; *hon drs Sunndigshäs aagleet* Epple Doo 37; *Mə hät s Sunndighäs ägleit* Kramer Gutmadgn 289; *Im Suntighäß stampft er in Rothussaal / Und sait: „Do bin i! - ha kei andri Wahl!".* – Zum Grundwort vgl. → *Häß;* Ggs. → *Werktagshäß.* – DWb. 10/1, 1722; Fischer 5, 1458; Schweiz. 2, 1679.

Sonntag(s)-hose *sundiχshousə* mancherorts Kraichgau; *sundiχhōsə* Münchw. – f.: ‚am Sonntag (im Ggs. zum Wochentag) getragene Bekleidung der Beine' Humburger 129. 217, Schwendemann Ort. i, 80. – Weiteres → *schlottern 1, Siebener 2;* Ggs. → *Werktagshose.* – DWb. 10/1, 1723; Els. 1, 381; Fischer 5, 1458; Pfälz. 6, 179; Schweiz. 2, 1697; Südhess. 5, 1092.

sonntag(s)ig *sundōg(s)iš* so und ähnlich mancherorts Kurpfalz; *sundāgisch* Schwetzgn. – Adj.: ‚dem Sonntag angemessen, fein, festlich', bes. in Bezug auf Kleidung gesagt Frei Schbr. 151, H. Schmitt[2] 93; *sunndaagsisch ägezooche* Bräutigam So 124; *sisch sunndåågsisch å̃zieje* Herwig-Schuhmann 117. – Vgl. *sonntäglich 1*; Ggs. → *werktagsig.* – DWb. 10/1, 1719 (*sonntägig*); Pfälz. 6, 178 (*sonntagsenig*); Schweiz. 12, 1033; Südhess. 5, 1092.

Sonntags-jäger *sundiχsjējər* mancherorts Kraichgau. – m.: ‚ungeübter, schlechter Schütze'; *die Haase, wu der Sunndichsjääjer doudgschosse hot, die lääwe all noch* Humburger 187. – Vgl. *Jägdler.* – Fischer 5, 1458; Südhess. 5, 1092.

Sonntag(s)-kind *sundiškhęd* Hettgn; *súndigskind* Ringshm. – n.: ‚an einem Sonntag geborener Mensch', gilt als vom Glück begünstigt Hettgn, Weiss 89, 1922 Ringshm; *wën si îren ofene Schänkel mitem Waser* (Urin) *funeme ûschuldige Sundigkind ûswäsche diai se kumes zhaile* O. Fwglr 62 (vgl. dazu → *brunzen*); im Volksglauben kann ein *S.* Geister hören/sehen (s. a. u. → *Elbentrütsch 2a*): *„I bi doch / au ne Sunntigchind, mit menggem Gaistli bifründet, / aber bhüet mi Gott der Heer!"* Hebel 36, 156; *Schickt seller Fuehrma dich uf d' Wacht, / Wo e Suntig-Kind so g'wöhnli hört, / Wia er in de heilige Nacht / Mit Ketteme im Wald rum fährt?* Weisser Ku. 47. – Weiteres → *Kirchweihsonntagkind*; vgl. *Fronfasten-, Heiligtagkind.* – DWb. 10/1, 1723; Fischer 5, 1458; Schweiz. 3, 349; Südhess. 5, 1093.

Sonntags-kirche f.: ‚Morgengottesdienst am Sonntag'; *An einem hellen Februartag gieng Konrad, vor der Sonntagskirche, auf einen der nächsten Berge* Reich Wanderbl. 207. – Vgl. *Kirche B 2.* – Südhess. 5, 1093.

Sonntag(s)-kittel *sundiχskidl* mancherorts Kraichgau; *sundiχkidl* Münchw.; *sundikidl* Mühlgn; *suntigskitəl* Radolfz. – m.: ‚am Sonntag (im Ggs. zum Wochentag) getragenes kurzes Obergewand (meistens) der Männer' Humburger 187, Schwarz 76, Schwendemann Ort. i, 80, Th. Müller 24, „für den Kirchgang" Ellenbast 70. – Weiteres → *Sonntagsgesicht;* vgl. *Sonntagsrock, -wams;* Ggs. → *Werktagskittel.* – Fischer 5, 1458; Schweiz. 3, 568; Südhess. 5, 1093.

Sonntag(s)-kleid *sundišględ* Hettgn; *sundiχsglāid* mancherorts Kraichgau; *sundiχ-* Rapp.; *sundigs-* Mörsch; *sundiχglaid* Münchw.; Pl.: *súndišglēdər* Hettgn; *sunišglęlər*

O.scheffl.; *sụndiχglāidv, -u-* Rohrb. (Epp.), Zaisenhsn; *sundiχs-* mancherorts Kraichgau; *sụndigleidər* Moos (Bühl), Neuw. – n.: im Sg. ‚am Sonntag (im Ggs. zum Werktag) getragenes Frauenkleid' Humpert Mudau 208, Hettgn, Meis. Wb. 157b; *s Sundichglaid mìd Iisaz un Graagə* (mit Einsatz und Stehkragen) Schwendemann Ort. 1, 79; *ooifach un gschmagglous isch des Sunndichsglaaid* Humburger 154; *versau mer des schee Sunndichsglaaid nät!* eb. 172; *Schöni Maidli, Sunndigschleidli* Jung Brägel 23; im Pl. häufig allg. ‚Sonntagsbekleidung' (vgl. → *Kleid*) Roedder Vspr. 529b, 1918 Rohrb. (Epp.), 1976 Moos (Bühl), 1977 Neuw.; *d Sundichglaid'r* Schwendemann Ort. 3, 103; *desdswēg hemv dox al unsv sundiχglāidv ādō khat* Zaisenhsn/ZfdMu. 1910, 155; *der Loddl bringt's färdich, em blångge Wärdich midde Sunndichsglaaider schbaziere zu geh un d' Leit zu fobbe* Humburger 207; *un do im Wandkaschte ... hät en jede sini aigene Hôke, wo ër d Sundigklaider dra hänge kân* O. Fwglr 11. – Weiteres → *hinanrichten*; vgl. *Sonntagsgewand*; Ggs. → *Werktagskleid*. – DWb. 10/1, 1725; Els. 1, 490; Fischer 5, 1458; Südhess. 5, 1093.

Sonntags-klüftle *suntigsklüftli* Gütenb. – n.: dass. wie → *Sonntagsgewand*; *Wo 's Obed isch, do goht dr Ferdi na / Un legt si neiwischt Sunntigsklüftli a* Nitz 60. – Grundw. ist Dim. von → *II Kluft*. – Südhess. 5, 1093 (*Sonntagskluft*).

Sonntag(s)-name *suninomə* Ottersd.; *sondinâmə* Diershm; *sụndigsnamə* Freib.; *suntigsnamə* Radolfz.; *sụndignāmə* Lörrach. – m.: ‚Scheltname, Schimpfwort' Ruf 42, 1932 Freib., 1957 Lörrach, Ellenbast 70; auch für Ortsnecknamen Hanauerland/Kehler Zeitung 17.9.1921. – Vgl. *Schimpfname*. – Els. 1, 769; Fischer 5, 1458; Schweiz. 4, 724.

Sonntags-plunder m.: dass. wie → *Sonntagsgewand*; *Sunndigsplunder* Eichstet./ZfdMu. 1913, 357. – Zum Grundw. s. → *Plunder 2*. – Weiteres → *salben 1b;* Ggs. → *Werktag(s)plunder*. – Els. 2, 163.

Sonntag(s)-rock *sụndigsrog* Ottoschwan.; *sụndigrog* Rheinwlr. – m.: **1)** dass. wie → *Sonntagskittel* Krückels 219; *se chumm i in mym goldne Sunntigrock* Hebel 45, 25; *Un 's Distelzwiigli vorne dra / het's Sunntigröckli au scho a* eb. 24, 59; *Wia also d'r Dag vor d'r Diar isch, ziahg i mi Sunndigsrock a un reis' uf Kunschdanz nuf* Ganther Stechp. 23; Spruch, wenn eine Kuh beim Melken tritt: *Bleib stehen wie ein Bock, / sonst schlag ich dich mit dem Sonntagsrock* Schutterwald/Mein Heimatl. 1938, 162. – **2)** ‚am Sonntag (im Ggs. zum Werktag) getragener → *Rock 2*'; *Dr Sunndigsrock isch awer nit schen beglet* (gebügelt) Meier Wb. 31. – Weiteres → *Fleck 1a*. – DWb. 10/1, 1727; Pfälz. 6, 179; Schweiz. 6, 839; Südhess. 5, 1094.

Sonntags-ruhe *sundagsrū* Mannhm; *sundigsruə* Münchw. – f.: ‚am Sonntag eingehaltene Arbeitsruhe' Schwendemann Ort. 2, 24; *Anton mach de Lade zu, s'isch Sunntagsruh* 1993 Mannhm. – DWb. 10/1, 1727; Pfälz. 6, 179; Südhess. 5, 1094.

Sonntag(s)-schar(e) *sụndigšār* Schollach; meist Pl.: *sụndigšārə* eb., Gütenb.; *sundigsšārə* Neuk. – f.: ‚Gemähtes, das über den Sonntag liegen bleibt (oder auch am Sonntag noch weiter bearbeitet werden muss)' M. Braun 148; hat jem. *Sundigschaare*, so hat er/sie am Samstag zu wenig gearbeitet Krupp-Kleiser 166; *s kintenis sunsch au no Sundigschâre blibe, un sël möchti nit hâ* O. Fwglr 58. – Zum Grundw. s. → *III Schar*.

Sonntag(s)-schuh *sunišū* O.scheffl.; *sunigšū* Hörden; *sundiχšuə* Münchw.; *sundigšụə* Waldau; Pl. wie Sg. – m.: ‚am Sonntag oder zu festlichen Anlässen getragener Schuh' Roedder Vspr. 529b, Hörden, Schwendemann Ort. 1, 80; meist im Pl.: *d' Sunndigsschuh will er aalege* St. Märgen/Schulheft 1970, 31; *d sundigšụə hẹb mər gwigsd, sẹli hẹn glẹndsd* 1978 Waldau. – Ggs. → *Werktagsschuh*. – DWb. 10/1, 1727; Pfälz. 6, 179; Schweiz. 8, 486; Südhess. 5, 1094.

Sonntag(s)-spaziergang *sundigšbadsīərgaŋ* Schonach. – m.: ‚sonntäglicher Gang zum Vergnügen' Fleig N. 17, Singen a. H./Flügel 87. – Weiteres → *seinerzeit*. – DWb 10/1, 1728; Südhess. 5, 1094.

Sonntag(s)-staat *sundāgsšdād* so u. ähnlich Sandhsn, Östrgn; *sunišdāt* O.scheffl.; *sundiχšdāt* Rapp.; *sụndik(s)šdāt* so u. ähnlich Lahr, Schonach, 1972 Vöhrenb., Reute (Emm.). – m.: dass. wie → *Sonntagsgewand* Roedder Vspr. 529b, Meis. Wb. 180b, Humburger 187, Fleig N. 17; *E Ma im beste Sunndigsstaat* Jung Brägel 9; *Si hänn dr Sunndigschtaat angleit* Brucker Wu. 23; *Schee süsch aus änn däim Sunndaagsschdaad* Dischinger 178, ähnlich Lehr Kurpf. 113; *herein kam rauschend und schimmernd Madlee im vollen, üppigen Sonntagstaat der Heimattracht* Burte Wiltf. 79. – Weiteres → *Manschettenbauer*. – DWb. 10/1, 1728; Els. 2, 618; Fischer 5, 1458; Pfälz. 6, 180; Schweiz. 11, 1674; Südhess. 5, 1095.

Sonntag-stube f.: ‚Zimmer, das nur sonntags bzw. zu besonderen Anlässen genutzt wird'; *ëm Fatr si Sundigschtube, odr ... wen ë so ebr Fürnemer kunt* O. Fwglr 18. – Schweiz. 10, 1165; SDS VII, 134.

Sonntags-wams m., n.: dass. wie → *Sonntagskittel*; *do isch koi Uudeedile* (→ *Untätele*) *droo en dem Sunndichswämmers* ‚das *S.* ist tadellos/fehlerfrei' Humburger 193. – Zum Grundw. s. → *Wams*. – DWb. 10/1, 1729 (*-wamms*); Pfälz. 6, 180; Südhess. 5, 1095 (*-wammes*).

Sonntag-vormittag m.: dass. wie → *Sonntag(am)morgen*; *s hät er no fil wëniger dolet das am Sundigvormittag Ais umenandgalschteret wärig ône das ës zum ufsazläse do gsi wär* O. Fwglr 65. – Weiteres → *Brot 1a, Kirchenleute*.

Sonntag-(zu)-abend *sụndiōwə* Neuw.; *sundigdsǭwə* Münchw.; *sundigdsāwv* Reute (Emm.); *sundigdsọwə* Lenzk. – m.: ‚die Tageszeit vor Einbruch der Nacht am Sonntag' Schwendemann Ort. 2, 44; *am sundigdsọwə iš dẹnǭ in də dụrnhalə ən bụnd brogram* 1955 Lenzk. – Das *-ds-* in manchen Varianten ist eine verkürzte Form der Präp. *zu*. Bei Varianten wie *sundigdsǭwə* handelt es sich um eine Zusammenrückung aus urspr. *Sonntag zu Abend*. – DWb. 10/1, 1719; Fischer 6/2, 3130; Pfälz. 6, 177; Südhess. 5, 1091.

Sonntag-(zu)-mittag *sundimịdā* Gamsh.; *sundigdsmịdāg* Münchw.; *sụndigmịdāg* O.winden, Hüfgn. – m.: ‚die (Nach-)Mittagszeit am Sonntag' Schwendemann Ort. 2, 44; *ọmə sụndigmịdāg* 1968 O.winden; *am sundimịdā wịl iχ figs ụn ferdiχ sī* 1955 Gamsh. – Zur Wortbildung vgl. → *Sonntag(zu)abend*. – Vgl. *Mittag 1a.2, Sonntagnachmittag*.

Sonn-wind m.: ‚aus südlicher Richtung wehender Wind', „ziemlich stark, nicht gerade warm" 1932 Schonach. – Vgl. *Suntwind*. – DWb. 10/1, 1703 (*Sonnen-*); Schweiz. 16, 523.

Sonn-zeichen *sụndsẹiχə* Altenhm – n.: ‚Zeichen der Handwerker auf dem Schild des Hauses', gewöhnlich ein Kreis mit einer der Sonne ähnl. Blume Fohrer 70.

sonst *sunsd* Werthm, Grünsf., U.wittighsn, Waldstet., Sindolshm; *sũndst* Tauberbischofshm; *sonsd* mancherorts äußerstes NO-Baden; *sosd* mancherorts eb.; *šonsd* Vockenrot; *šosd* Grünenwört, Urphar, Nassig, Sachsenhsn; *susd* Gamburg, Gerchshm; *sõnšd* Pforzhm; *sonšd* mancherorts NO-Baden u. Gegend um Karls-

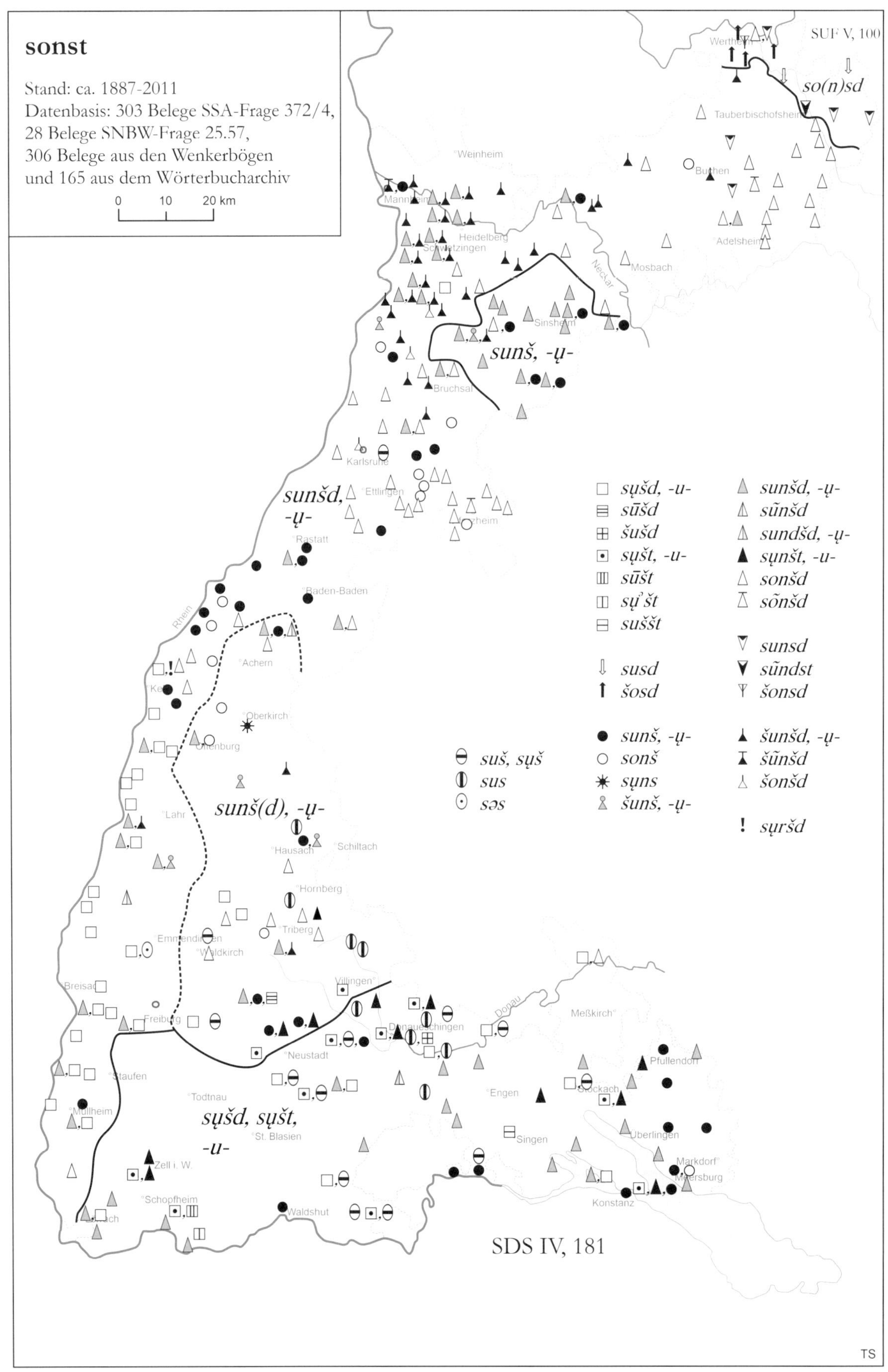
sonst
Stand: ca. 1887-2011
Datenbasis: 303 Belege SSA-Frage 372/4,
28 Belege SNBW-Frage 25.57,
306 Belege aus den Wenkerbögen
und 165 aus dem Wörterbucharchiv
0 10 20 km
SUF V, 100
so(n)sd
sunš, -ụ-
sunšd, -ụ-
sunš(d), -ụ-
sụšd, sụšt, -u-
sụšd, -u-
sūšd
šušd
sụšt, -u-
sūšt
sụ'št
suššt
susd
šosd
sunš, -ụ-
sonš
sụns
šunš, -ụ-
suš, sụš
sus
səs
sunšd, -ụ-
sũnšd
sundšd, -ụ-
sụnšt, -u-
sonšd
sõnšd
sunsd
sũndst
šonsd
šunšd, -ụ-
šũnšd
šonšd
sụršd
Weinheim
Tauberbischofsheim
Buchen
Adelsheim
Heidelberg
Schwetzingen
Mosbach
Neckar
Sinsheim
Bruchsal
Karlsruhe
Ettlingen
Rastatt
Baden-Baden
Rhein
Achern
Oberkirch
Offenburg
Lahr
Hausach
Schiltach
Hornberg
Triberg
Waldkirch
Breisach
Freiburg
Villingen
Donaueschingen
Donau
Neustadt
Staufen
Todtnau
Müllheim
St. Blasien
Zell i. W.
Schopfheim
Waldshut
Meßkirch
Pfullendorf
Stockach
Engen
Singen
Überlingen
Markdorf
Meersburg
Konstanz
SDS IV, 181
TS

r. u. Pforzhm, vereinzelt NW- u. Mittelbaden, Holzen, Hausen i. T.; *šunšd* mancherorts NW-Baden, Peterst., Wittenw., Schönwald; *šonšd* St. Leon, Hambrücken, Karlsr.; *sunš, -u̯-* Mannhm, Eberb., verbr. Kraichgau, vereinzelt Pfinzgau, mancherorts Rheinebene zw. Murg u. Schutter, nördl. u. mittl. Schwarzwald, westl. Baar, mancherorts äußerstes SO-Baden, Müllhm, Waldsh., Büsgn, Gailgn; *sonš* Buchen, Huttenhm, Gondelshm, Nöttgn, Singen (Pfinz), Wilferdgn, Dillstein, Lichtenau, Memprechtshfn, Wagsh., Nussb. (Oberk.), Offenb., Rohrhardsbg, Meersburg; *su̯nšd, -u-* verbr. N-, Mittel- u. SW-Baden, mancherorts SO-Baden; *šunš, -u̯-* Philippsburg, Östrgn, Nordrach, Münchw., Halbmeil; *su̯nšt, -u-* Wieslet, Zell i. W., vereinzelt westl. Baar, SO-Baden; *su̯šd, su̯št* mancherorts SW-Baden, verbr. südl. Schwarzwald, Dinkelberg, Hotzenwald, Klettgau, westl. Baar u. SO-Baden; *su̯ᵊšt* Rippolgn; *suššt* Singen a. H.; *sus* Langenb. (Wolf.), N.wasser, Mönchwlr, Stockburg, Tannhm, O.baldgn, Pfohren, Gutmadgn, Riedöschgn; *suš, -u̯-* Durlach, Gutach (Elzt.), Buchenb., Ippgn, U.bränd, Möhrgn, Gündelwangen, Lenzk., Stockach, Randegg, Krenkgn, Dettighfn, Griessen; Details zur Verbr. sowie weitere Varianten s. Karte → *sonst*. – Adv.: **1)** ‚andernfalls' Platz 300, Heilig Gr. 65, Bräutigam 79, Herwig-Schuhmann 117, Lenz Wb. 66a, Liébray 276, Bruhr. 164, C. Krieger Kraich. 123, Meis. Wb. 157b, O. Sexauer 161, Ruf 42, Burkart 31. 215, Heimburger 223, Schwendemann Ort. i, 195, Klausmann Br. 30, Pfrengle Harthm 92, Ketterer 28. 41, Beck 72. 139, Schäuble Wehr 13, Kramer Gutmadgn 290, R. E. Keller Jest. 59, W. Schreiber 30, E. Dreher 70, Ellenbast 70, Möking 14, Joos 132, Kenzgn/ZfhdMu. 3, 94, Vögishm/Alem. 25, 112, O.weier (Rast.)/ZfdMu. 1916, 285, Mannhm/Bad. Heim. 1927, 254, Rüsswihl/Mein Heimatl. 1937, 212; 1508 *es wer suss ubel gangen* Hug Vill. Chr. 36; 1513 *dan die lantzkneht sunsst nit abtretten werend* eb. 50; 1520 *wir wurden sy sunst hoch vnd hart darumb straffen* Freib. Stadtr. 8b; 1693 *den sonsten wirdt er meinen I. H. mein herr vatter hette nichts alß heßliche kinder gemacht* Elis. Charlotte/Lefevre 181; *wägs sunsch id glanged heddig* Gütenb.; *suuschd nimmt er's ... mit* St. Märgen/Schulheft 1968, 23; *s gǭd su̯šd wi̯dsədu̯rə* ‚das Gewitter zieht vorbei, ohne dass es regnet' 1948 Birnd.; *Sunscht hol dich 's Dunnerwedder!* Nadler 163; *sust het me Schand un Laid dervo* Hebel 4, 16; *si wuurtids sus fer ibl nęmə* Mönchwlr/C. Haag 120; *si hët sunsch kine d Schënkl abbrëche* O. Fwglr 18; *De mu̯äsch awer dissele* (leise gehen)*, sunscht v'rweggsch no ebber* Meier Wb. 48; *s sot rę̄ŋglə, suš khā pfrūəχt net ākhēmə* ‚es sollte regnen, sonst kann die Frucht (das Getreide) nicht ankeimen' Kirner 154; *do muesch di wehre, daß e Blätzli kriagsch, sunsch hesch di Reis' für d'Katz g'macht* Ganther Stechp. 23; *Machs glai, schunsch mechschs doch widdä nedd* Dischinger 203; *dsīəg di̯ᵊx wą̄rm ą̄, su̯šd wi̯əʳš gräŋg* O.-bergen; *hea uff midd däärä Sach, schunschd bassiad was* Frei Schbr. 151; *ər mūəs jęds gēn, su̯št kʰu̯mdr dsə šbōd hą̄m* Meng 296; *məʳ muəs laud šrəiə, sušd fəʳšdōd ər aes ned* Baur 273; Ra.: *Medl mach da Locke, schunsch bleibsch hocke* Odenwald MPh. 50 (s. a. u. → *Lock(en) 1*). – **2)** ‚außerdem, darüber hinaus' Schwendemann Ort. i, 182; 1403 *allen ... fursten, ... , rittern, knechten, ... und sust allen andern unsern ... undertanen* Neuenb. Stadtr. 46; 1520 *vor vnserm Statgericht oder vor vns / vnd sunst gentzlich an keinem ort* Freib. Stadtr. 8a; 1616 *sonsten und im übrigen aber ...* Neuenb. Stadtr. 104; *sus/suscht no äbbis* Kramer Gutmadgn 290; *jo sunsch nix mäh!* G. Maier 161, ähnlich Fleig 136; *Maagsch sunschd noch ëbbäss?* Dischinger 178; *wenn's sunsch nix isch* Ganther Stechp. 116; *d Höwel, d Schtämise, en Holzhamer un wa mër sunsch no so brûcht* O. Fwglr 39; *'s isch sunscht nix bassiert* Lehr Kurpf.[2] 139; *Sunschd weis i nix* Braunstein Raa. 34; *hosdə sunsd nigs dsə duu?* Platz 300; *ich hätt nix zu klage sunscht* Nadler 59; *Bloß gaggele* (herumspielen)*, sunscht het 'r nit im Kopf* Meier Wb. 59; Ra: *wendə sunsd nigs wesd!* (Ablehnung der anderen Meinung) Platz 300, ähnlich: *un sunsch waaisch nix?* Humburger 205. – **3) a)** ‚für gewöhnlich, bei anderen Gelegenheiten' Ketterer 39; *noh* (nah) *wie suscht nie* Epple Doo 57; *üwer de Sundig, odr im Wintr oder sunsch wämër grad wil* O. Fwglr 10; *Ich bin sunscht nig grad so arg ufs Bede* Nadler 117; *si maxxəd ǫm suss ęllbott ə freid* Tannhm/C. Haag 128; *Suscht hät me Speck gha oder i Sterilisiergläser igmachti Metzgete* Thoma Hütten 36; *sunšt ge i als nēt fīl ną̄* ‚ich gehe nicht oft sonstwohin' Roedder Vspr. 529b; *sunš hǫᵇmə hald ə bluədwūršd unə lę̄wərwūršd unə brǭdwūršd un ə šdigli flaiš hǫᵇmər grī̜əgd* Baur 275; *Sunsch isch 'r als alli Zischdig a'grumpelt kumme* Ganther Stechp. 144; *D'r Hermännli isch sunsch immer so e luschdig Büewli gsi* eb. 39; *Sust sinn si in der Mitternacht, / wenn niemes meh as d'Sterne wacht, / in d'Felder uusegwandlet us em See* Hebel 40, 13; *Gang ni, aber e weng schneller wie sunsch!* St. Märgen/Schulheft 1968, 56. – **b)** ‚insgesamt gesehen' Stahrgn/Ochs-Festschr. 253; *mir geht es sonst gut* u. ähnl. bed. nicht, dass die Person ein kleines Leiden hat, sondern dass nichts anderes zu sagen ist, als dass es ihr trefflich geht. Beliebt z. B. in Briefen Aftersteg, Degernau; *awer numm, wenn's sunscht arme un brave Litt sin* Lauf/Mein Heimatl. 383; *säl isch sunsch kai so kurzwilige Arwet* O. Fwglr 31; *Sunsch hämer fescht zsemeghalte underenand un s hät it gli ain en andere ferrôte* eb. 70; *Owwedri isch 'r au sunsch no sölli splendid gsi* Ganther Stechp. 126. – **4)** ‚früher, zu anderer Zeit' Ellenbast 70; *Mit dem Tod isch me au suscht scho glii bekannt worde* Thoma Hütten 34; *Sunscht hott mer fors Koure* (Korn) *u. d. Gerscht siebe u. ocht Mark griegt* 1894 Reicholzhm; *In vertäflete Stube, mit goldene Lyste verbendlet, / henn sust Fürste gwohnt, ... / Aber jetz isch alles still* Hebel 1, 147. – **5) a)** ‚ander, andere, -r, -s'; 1368 *daz ieman sust der unsern oder deheins under üns oder ünsrer erben lüte ... in der stette eine ziehen wolte* Neuenb. Stadtr. 33; 1520 *Witwen / weisen oder sunst erbärmlich personen* Freib. Stadtr. 14a; *dia, un niamets sunsch* Ganther Stechp. 64; *e Schlang odder sunsch ebbis Giftigs* eb. 60; *Brot un Speck un sunsch Zügs* eb. 108; *I ha di lieb, my Müeterli, / wie nüt suscht uf de Welt* Jung Brägel 121. – **b)** ‚anders, auf andere Weise'; 1362 *oder sus wider rehtes entwerti* Überl. Stadtr. 38; 1461 *doch bi ganzen schiben, oder drithalb mess für ain schiben und sunst nit* eb. 138; 1520 *vnd welcher darwider thett oder sich sunst vngebürlich hielt* Freib. Stadtr. 9a. – † **6)** ‚auf diese/solche Art und Weise, → *so I2a*'; 1303 *weder sus noch so* ‚auf keine Weise' Vill. Stadtr. 12, ähnlich: 1442 *weder sunst noch so* Messk./Alem. 15, 91. – Ahd. *sus*, mhd. *sus, su(n)st*, urspr. Bed. ‚so'. – Weiteres → *allerlei, anderweit, annehmen 1, Blüte 1, da 2, darunter 1, Ditti 2, tummeln 2b, eime, Feder 1, viel 3bα, Floh 1, Frau 3b, I fürsich, gemachen, II grauen, Gutele 2, Haken 4b, Haustür(e), Herrgott 1, heulen, Himmel 3, hinangehen 1, Hose 1, Huhn B1, Huppe, hurt(l)ig, Hut 1, Kind 1a, kochen 1a, Krappenleiche, Kropf 1a, kurz 1a, Land 3, Langwied(e), Lappes 2, lassen B2a, Leben 1b, Leute 1a.cγ, lieb III, Liebesbrief, lied(e)rig 1a, loben 1, Lump 1d, Mädle I1c, Mann I1abb, masig,*

Maul 2a.b, Maulsperre, meh(r) II2c, Merks, Mond 1, I Muß 1, nächstens, Nachtkrapp 1, nehmen B2, nichts 1, Nikolaus 1, II ob 1a, Obacht, II oha 1, Ort 7, ramsen 2, Ratsbotschaft, regen, I reiben 1a, Rollhafen 1c, sagen 2a.4, Salat 2, Salfete, sauber 1a, Schatz 2a, Scheibenstecken, scheubutzig, scheuern 2, Scheuerpurzler 1a, I schicken 1d, Schimpf, Schlag 6b, Schlappe 1a, Schlappendengler 2, schlenkern 1a, schmeißen 1, Schmerz 1, Schnak(e) 1a, schnattern 2, Schneck(e) 1a, Schrunde 1b, Schutzmann, Schwäher 1, Schwalbe 1, Schwanz 2a, Schwiegermutter, seckeln, I sein B2d, Sessel 1, setzen B3a, Setzerin, sicher 2, Sonntagsschare; vgl. *an-, umsonst;* vgl. *I als 4, insofern, noch I2, soweit.* – DWb. 10/1, 1730; Els. 2, 367 (*sunst*); Fischer 5, 1972 (*sus(t)*); Pfälz. 6, 180; Schweiz. 7, 1393 (*sus*); SDS IV, 181; Südhess. 5, 1095; SUF V, 100; VALTS IV, 190.

sonst-hinan *sunštnā̃* O.scheffl. – Adv.: ‚an irgendeinen anderen Ort' Roedder Vspr. 529b. – Zum Grundwort s. → *hinan 1.* – Südhess. 5, 1096 (*sonstwohin*).

sonstig *sunšdig* Münchw. – Adj.: ‚anderweitig, andersartig' Schwendemann Ort. i, 141; *Buremaidle un Schäferne un sunschdigi Wiwersvölker* Ganther Stechp. 129. – Weiteres → *Fahrnis, Sinkholz 2;* vgl. *ander 2.* – DWb. 10/1, 1749; Fischer 5, 1973; Südhess. 5, 1096.

Sont-heimer FN: bei Juden vor und nach 1809 gebr. Dreifuss FN Jud. 94, wohl Herkunftsname. – Vgl. *Sundheimer 2.*

Soppen m.: FlN; 16. Jh. *im Soppen* Messk./Alem. 15, 91; *Söpplin* (Dim.) als Waldname eb. – Bed. laut Alem. 1, 273 u. eb. 15, 140 ‚Schmutz-, Sumpfgraben, Morast' und geht somit wohl auf mhd. *soppe* (Nebenform von *suppe*) zurück, für das in Lexer mhd. 2, 1324 auch einmal die Bed. ‚Mistjauche' bel. ist. – DWb. 10/4 (unter *Suppe 8*), 1229; Fischer 5, 1459 (andere Bed.); Schweiz. 7, 1227 (andere Bed.).

Sopran m.: ‚erste Stimme' ugsprl. Etthm. – Entl. aus it. *soprano.* – Vgl. *Diskant.* – DWb. 10/1, 1753; Schweiz 7, 1254 (*Superān*).

Sor ‚Riedgras, Schilf' → *Sahr.*

sör *sēr* Bleib., Breitnau. – Adj.: ‚dürr, kahl, unfruchtbar' 1922 Breitnau; *d' Matten iš sēr* ‚die Wiese ist dürr' Bleib. – Laut DWb. 10/1, 1754 ist *sör* eine mu. Nebenform zu *sehr* ‚wund'. Unsere hier gen. Bel. hätten also wohl unter → *I sehr 2a* gebracht werden sollen.

Sor-baum ON → *Sarbaum 2.*

Sordise → *Sottise.*

R **Sore** f./Pl.: ‚Waren, Sachen, Gerätschaften' Kluge R. 343. 346; *Sôre* Wolfach/eb. 488. – Aus westjidd. *sechore* ‚Ware' (vgl. Kluge 680). – Weiteres → *schluckig, zopfen;* vgl. *Achel-, Sichereisore, Kangeri-Sore* (unter *Kangeri*); vgl. *II Schore.* – Fischer 5, 1459. 6/2, 3131; Pfälz. 6, 182; Südhess. 5, 1096.

Sores ‚Rausch' → *Saraß 1.*

Sorge *sorχ* Werthm; *səoriχ* mancherorts Taubergrund; *sorig* O.scheffl.; *sårig* Rohrb. (Epp.); *sǫrg* Handsch., Sasbachwa., Schutterwald, St. Georgen (Freib.), Wehr, Tiengen (Waldsh.), Konst.; *sorg* mancherorts Kurpfalz, Wilferdgn, Sasb. (Kaiserst.), Tribg, Gremmelsb., Gutmadgn, Schopfhm, Stahrgn, Radolfz.; *sǭrig* Spessart; *sǫrig* O.weier (Rast.); *sǫri, -o-* Ottersd., Sandw., Auenhm, Ottenhm; *sǭər[i](g)* Kappelwi.; *sǭrg* Eschb. (Waldsh.); *sǭɒrg* Möhrgn; Pl.: *sorχə* Werthm, Neudenau; *sǫriχə, -o-* Buchen, O.scheffl.; *sovšə, sovgə* Mannhm; *sarjə, so[a]χə* Heidelbg; *sǫrjə* Handsch., Oftershm, Weiler (Pforzh.), Haueneberstein; *sǫ(i)jə* Altlusshm; *soršə* Neulusshm, Philippsburg; *sǫrijə, -o-* mancherorts Raum Karlsr., O.weier (Rast.); *sǭərjə* Kappelwi.; *sǫrgə, -o-* Nordrach, Burkhm, Laufen, Wehr, Gütenb., Villgn, U.bränd, Lenzk., Kadelburg; *sǭrgə* Sexau, Müllhm, Eschb. (Waldsh.); *sǭɒrgə* Möhrgn. – f.: **1)** ‚bedrückendes Gefühl der inneren Unruhe/Angst, Befürchtung' Platz 301, Heilig Gr. 92, Frei Schbr. 150, H. Schmitt[2] 95, Lenz Wb. 66a, NArchHeidelb. 6, 156, Liébray 276, F. Schlager 62, Ruf 42, Meng 96, Kleiber Burkhm 22, Schäuble Wehr 137, W. Rothmund 19, Kirner 475, Joos 116, Ottersd./ZfdMu. 1914, 344, O.weier (Rast.)/eb. 1916, 284, Mannhm/Bad. Heim. 1927, 254; 1520 *ob er jn aber widerstands oder sorge(n) halb nit meistern möcht* Freib. Stadtr. 94b; 1520 *vnd nit sorg haben / die nutzbarn güter / ... zebewaren* eb. 44a; 1693 *ungeacht alle sorgen* Elis. Charlotte/Lefevre 293; *des iš ę bēsį sǫrg* 1955 Sasbachwa.; *Mach duu dir kaini Sorge!* Gütenb.; *nǫ bįš ōnį sǭrgə* Sexau; *des iš mǝ̄r ə grousi sorig* Roedder Vspr. 529b; *deß isch ma die greescht So(r)g* Litterer 311; *S krank Maidli ischt mər ə groß̌i Sorg* Kramer Gutmadgn 277; *in Ängschde un Sorge isch'r heimdappt* Ganther Stechp. 39; *Wer trotz alle Sorge cha z' fride sii* Jung Brägel 15; *Ihr sitzt do ganz gemächlich ohne Sorge* Nadler 79; *Un wem scho wider, eb's no tagt, / Die schweri Sorg am Herze nagt* Hebel 21, 27; *Doch schmeckt's der nit, du arme Maa! / Me siht der dyni Sorgen a* eb. 27, 37; Ra.: *Sorsche henn die Leit* (iron. über jem., der aus dem Vollen lebt) Odenwald MPh. 101, ähnl. Heidelbg; *Die leßt d' Sorche net iwwer de Strumpfbendel nuff* (spöttisch) Neudenauer Überl. 139; Vers: *ånâle, anâle gê mid mɒ iwɒ də rai! i drau dä ned, i drau dä ned, hab sårig du šmaiš me nai!* 1918 Rohrb. (Epp.), ähnl. unter → *Katharina 2.* – **2)** ‚Bemühen um das Wohlergehen eines anderen oder die positive Entwicklung einer Sache, Sorgfalt' Beckstein, Meng 197, Schopfhm, W. Rothmund 19, Staedele 35, 1973 Billafgn, in der Regel im Sg. und mit *geben* oder *haben* verwendet; *Sòrg gäè* ‚achtgeben, achtsam sein' Ellenbast 67; *heb Sorg!* ‚gib acht!' Frieda Mayer 92; *hęn au sǫrg mit de īrįχtig* ‚geht sorgsam mit der Einrichtung um' Schäuble Wehr 137; *hau guèd Sorg uf n* ‚passe gut auf ihn auf' Fleig 135; *daß Sorg hebsch uf dii* ‚dass du achtsam seist auf dich' Epple Doo 37; *das də mər joo Sorch hosd dsu dem daüərə Gscher* ‚dass du mir ja pfleglich mit dem teuren Service umgehst' Platz 301; *Im neiə Derndl giit si Sorg, si leit s nu a də Fäschtdäg a* ‚Dem neuen Dirndl widmet sie Sorgfalt, sie trägt es nur an den Festtagen' Kramer Gutmadgn 277; Ra.: *loß deß na mei(n) So(r)g sei(n)* ‚darum kümmere ich mich' Litterer 311. – Ahd. *sorga*, mhd. *sorge.* – Weiteres → *Bettelleute, fretten, Galster, heraus, hineinwerfen, Leergut, machen I2e, Olem 1, schwer 3b;* vgl. *Vor-, Haussorge;* vgl. *Alp, Anliegen, Brast 3, Dane, Gicht 3dβ, Kreuz 3, Kummer 2, Kümmernis, Last 2b, Not 1c, Schagrille 1.* – DWb. 10/1, 1755; Els. 2, 374; Fischer 5, 1459; Pfälz. 6, 182; Schweiz. 7, 1299 (*Sorg*); Südhess. 5, 1096.

sorgen *sǫrχə* mancherorts NO-Baden; *sǫrχɒ* Werthm; *sǭrχ* Dertgn; *sęrχ* Wenkhm, Krenshm; *sörχ* Gerchsm; *sǫrχ* Werb., Messelhsn; *sorχə* Werthm, Berolzhm; *sǭrχə* Tauberbischofshm, Beckstein, U.kessach; *sǭrχə* Hünghm, Neudenau, Karlsd.; *sǫriχə* O.scheffl.; *såriχə* Rohrb. (Epp.); *sǫərgə* Lohrb.; *sǫərjə* Schönau (Heidelb.), St. Leon, Stettf., Ellmendgn; *sorigə* Zuzenhsn, O.schopfhm; *sǫrjə* mancherorts NW-Baden; *sǭjə* Mönchz.; *sǫr[ə]gə* Eschelbronn, Kirchardt, Bauerb.; *sǫɒjə* Linkenhm; *sǫɒrjɒ* Jöhlgn; *sǫrγə* Grötzgn; *sorjə* Au (Pforzh.), Dillstein, Sandw.; *sǫrigə* Bauschlott; *sǫrijə* O.weier (Rast.); *sǭərjə* Kappelwi.; *sǫrgə* Friedrichsd., Asb., Neckarbischofshm, Ellmendgn, Schenkenz., Welschensteinach, Erdmannswlr, Engen, Konst.; *sorgə* Münchw., 1931 Radolfz.; *sǭɒrgə* Möhrgn; *sǭgə*

Liggersd.; Part.: *gšorigd, gsorigt* O.scheffl.; *gsǫrχd* Neudenau; *gsǭərigd* Kappelwi.; *gsǭvrgət* Möhrgn (zur Aussprache vgl. auch Fischer Atl. Kt. 3. 17. 20. 22). – schw.: **1)** ‚bangen, befürchten, sich Sorgen machen' Platz 301, Burkart 204; Ra.: *Sorch di net um u(n)gelechdi Eier* ‚mache dir keine Gedanken über Dinge, für die die Zeit noch nicht reif ist' Neudenauer Überl. 139. – **2)** ‚sich um jem./etwas kümmern, sich bemühen' Burkart 204; *dōfīr sǫrg iχ* 1976 Friedrichsd.; *dā̆ sårigd fā sį* ‚der kümmert sich um sie' 1918 Rohrb. (Epp.); *fīr sęl brüχš nįd sǫrgə* 1955 Ichenhm; *dōdərfōr węrd gsorigt saĩ* Roedder Vspr. 529b; *für kįndər mos mv guəd sǫrgə* 1973 Engen; *fīr gueđi frdauuŋ un grēgəldr šdu̜ęlgaŋ sorgə* Schwendemann Ort. I, 8; *i wett ebbis, der sorgt üs für e Fuehrwerk* Ganther Stechp. 69; *Un 'r het Wort g'halde un het für sie g'sorgt* eb. 113; *Der liewe Herrgott sorgt for mich* Nadler 48; *Loß' bei de Buch- un Bilderhändler dofor sorge, / Daß jo dein Borträ aushängt schun am nächschte Morge* eb. 151; *für's lache hät mër nadürli dro itë brucht z sorige* O. Fwglr 5; *Un wenn er hilft un sorgt un wacht / vom früeje Morge bis in d' Nacht* Hebel 27, 17; *Nimm di der Armuet a, un sorg mer für Witwen un Waise* eb. 49, 38; Ra.: *s werd devor g'sorcht, daß d' Beem net in de Himmel wachse* ‚es ist sichergestellt, dass aller Erfolg seine Grenzen hat' Neudenauer Überl. 138, ähnlich eb./Bad. Heim. 1973, 131; Sprichw. unter → *Schaden 1.* – Ahd. *sor(a)gên*, mhd. *sorgen* ‚besorgt, bekümmert sein'. – Weiteres → *bergen, er 1aβ. 1bγ, fein 2, Renner 1c, worgen*; vgl. *be-, versorgen, ungesorgt*; vgl. *annehmen 3, kümmern II1a, scheren II1a.* – DWb. 10/1, 1773; Els. 2, 374; Fischer 5, 1460. 6/2, 3131; Pfälz. 6, 183; Schweiz. 7, 1305; Südhess. 5, 1097.

Sorgen-brecher m.: ‚etwas, das die Sorgen vergessen lässt und die Stimmung hebt'; *Der Sorgebrecher* Titel eines humoristischen Gedichtbandes in Karlsruher Mu. von Fritz Romeo, um 1916. – DWb. 10/1, 1783; Südhess. 5, 1098.

Sorgen-falte f.: ‚Hautfalte auf der Stirn als Ausdruck von jemandes Ängsten/Befürchtungen'; *kumər šmęrds u̜n sǫrgəfaldə dsaiχnə au šbēdər nox dī aldə* 1971 Eichstet.

Sorgen-frei 1) FN Eberb.; *s sǭrjəfrais* ‚die Familie *S.*' 1950 eb. – **2)** wohl FlN bei Andelshfn (Erzbist. 460).

Sorgen-höfe Pl.: Name einer Ansammlung von Höfen Owgn/Krieger 2, 1029.

Sorgen-kind n: ‚ein → *Kind 1*, das (den Eltern) viele Sorgen bereitet'; *v Sorgvkind* Reute (Emm.); *Oi Kind isch e Sorgekind* C. Krieger Kraich. 123. – Fischer 6/2, 3131; Pfälz. 6, 183; Südhess. 5, 1098.

Sorgen-speck *sórgəšbąg* Etthm. – m.: ‚durch kummerbedingtes Naschen entstandenes Übergewicht'; „eine Frau, die immer klagt, aber trotzdem schön dicklich wird, hat *S.*" 1911 Etthm.

sorg-fältig *sorgfäldig* Reute (Emm.); *sǫrgfęldig* Tennenbronn, Hauenstein. – Adj.: **1)** ‚gewissenhaft, gründlich' 1955 Tennenbronn; *painliχšd u̜n sǫrgfęldigšd mu̜s dəs hērgriχd węrə węns ebs gewə sol* 1955 Gamsh. – **2)** ‚behutsam' Hinterztn/Zimmerm. Vhk. 17; *rogχəšdrō, sǫrgfeldig gəérndəd u̜n nįd gəknįkχt* 1971 Hauenstein. – Mhd. *sorcveltic, -veldic.* – Weiteres → *Schulmeister 1*; zu Bed. 1 vgl. *akkurat, exakt 1, genau 2, gewissenhaft, gründlich, sauber 2b*; zu Bed. 2 vgl. *behut, höflich, sittlich, sittsam.* – DWb. 10/1, 1792; Fischer 5, 1461; Pfälz. 6, 183; Schweiz. 1, 821. 7, 1319; Südhess. 5, 1098.

sorglich *sorgli* Reute (Emm.); *sǭəgli* Liggersd. – Adj.: † **1)** ‚besorgniserregend'; 1573 *wa sie sorglich sehen feüren oder anders, daraus schaden kommen möchte* Vill. Stadtr. 145. – **2)** ‚behutsam, fürsorglich'; *Hätt 's Frauweli nit e Laternli / in der Linke trait un 's Eveli sorglich am Arm gfüehrt, / 's hätt der Weg nit gfunde* Hebel 39, 52; *Süder nimm das Rösli un trag mer's sorglich im Buese* eb. 78; vgl. *sorgfältig 2.* – Mhd. *sorc-, sorge(n)lich* ‚Sorge erregend, besorgt, bekümmert'. – Weiteres → *Luft 2a.* – DWb. 10/1, 1800; Els. 2, 374 (*sörglich*); Fischer 5, 1461; Schweiz. 7, 1320.

sorgsam Adj.: ‚behutsam, fürsorglich'; 1520 *die in handlu(n)g regierung vn(d) verwaltung / irer zytlichen güter geschickt vnd sorgsam* Freib. Stadtr. 48b; mu. nicht gebr. – Mhd. *sorc-, sorgesam* ‚Sorge erregend, sorgfältig, besorgt'. – Weiteres → *Nabelschnur*; vgl. *sorgfältig 2, sorglich 2.* – DWb. 10/1, 1807; Fischer 5, 1462; Schweiz. 7, 1322.

So-ring *sōriŋ* Kirchen (Efrgn). – m.: ‚omegaförmiger Ring mit zwei Haken, der mit Hilfe einer Kette den Pflug mit dem Pflugkarren verbindet'. – Bestimmungsw. unklar, viell. zu *Zō(n)ring* (vgl. Schweiz. 6, 1098). – Vgl. *Pflugzuge, Zaugelring.*

Sorle s. u. → *Sara.*

Sorre *sorə* Neudgn. – f.: ‚Kind, das lange weint'; *du aldi sorə* eb. – Etym. unklar. – Vgl. *Mauchele.*

sorren → *surren.*

Sorte *sordə* Werthm, Ihrgn; *sǫvd* Handsch.; *sǫrd* Ladenburg, Oftershm, Neckarbischofshm, Liedolshm, Karlsd., O.gromb., St. Märgen; *såd* Östrgn; *sådə* Rohrb. (Epp.); *sǫrdə* O.scheffl., Hofstet., Eichstet., Erdmannswlr, Waldau, St. Georgen (Freib.), Kadelburg; *sǫrdv* Linach, O.bränd; *sōrdę* Lörrach; *sǭvrtə* Möhrgn, Liggergn, Illmensee; *suəddə* Liggersd.; *surt(ə)* Stockach; Pl.: bei einsilbigem Sg. wird Pl. mit *-ə* gebildet, bei zweisilbigem Sg. gilt Pl. wie Sg. – f.: ‚Art, Qualität, Gattung' Platz 301, Lenz Wb. 66a, Liébray 276, Besch 27, St. Märgen/ Schulheft 1968, 17, Jung Brägel 21, Beck 238, Kirner 85, E. Dreher 60, Fuchs 16a; *alli Sördv* Reute (Emm.); *fümf sōrdę* (von Sägen) 1978 Adelhsn; *bésərį sǫrdə* (von Äpfeln) 1955 Kadelburg; *ę nęjə sǫrdə* (Weinreben) 1971 Eichstet.; *ə andərį sǫrdə flaiš* 1973 Waldau; *dī hen drai sǫrdə ghęd* (vom Wein) 1976 Bauerb.; *ę bśdįmdį sǫrdə gúdsəlį* ‚eine bestimmte Sorte Bonbons' 1970 Hofstet.; *Aañ Sort - so e trucke Bulver, / Schier wie Kleie odder Grieß* - Nadler 41; *s wįrd jēdə sordə fīr sįx ghęrbšdəd* 1979 Ihrgn; *Wass isch-n dess färrä Sädd?* Dischinger 174; *Iich hëbb funn allänn Säddä* (iron. über die eigenen charakterlich verschiedenartigen Kinder) eb.; *Geh fort mit denne Sorde!* Odenwald MPh. 61; *Sorde vun Leit gibt's uff de Welt, des soll ma nitt glawe* eb. 50; *alə sǫrdə khinə̄rmēl* (Kindermehl, Ersatzmittel für Muttermilch) *hęwə mə̄r mit dem gəbrowīrt* (ausprobiert) Roedder Vspr. 529b; *Mir han mit dane Sorde jetz erzielt, daß mir raini Sorde härbschde kenne* Kleiber Burkhm 16; *Mit Beere - 's het vun alle Sorde gnue ka in dere Wildnis - het er si Hunger bannt* Ganther Stechp. 101; *am moriga friai ..., do hörig mer al Sorte, säl sei schöner as s schönscht Konzert, di Fögili* O. Fwglr 37; Ra.: *fu därə Surt gond tswelf ufs Dutsəd* ‚dieser Mensch/diese Sache ist nichts Besonderes' Stockach/Hegau 1978, 179. – Aus franz. *sorte*, it. *sorta*, im hd. Sprachraum laut DWb. 10/1, 1812 seit etwa dem 16. Jh. bel. – Weiteres → *besser, fein 2, jeder 3, Kettenuhr, Knöpfle(s)schwabe, Mann II1αα, meh(r) 1a, mögen I2, ordinär 1, scharf 2, sengen 1a*; vgl. *Kriesen-, Obstsorte, Edelsorten*; vgl. *Art 2, Gattung, Marke 1b, Rasse.* – DWb. 10/1, 1811; Els. 2, 375; Fischer 5, 1462. 6/2, 3131; Pfälz. 6, 183; Schweiz. 7, 1335; Südhess. 5, 1098.

Sortele ‚Streifen mit der Wurfbreite des Sämanns' → *Satel 1.*

sorten-rein *sóʳdərai̯n* BURKHM. – Adj.: ‚aus genau einer einzigen → *Sorte* bestehend', Winzerspr.; *un ware deno dä Driwel* (→ *Träubel 1*), *sorderain ware si deno kelderet* (gekeltert) KLEIBER BURKHM 22.

Sorten-reinheit *sóʳdərai̯nhai̯d* BURKHM. – f.: ‚reine Beschaffenheit, ohne Vermischung mit einer anderen Weinsorte', Winzerspr.; *un s wichdigschdi vum gånze Ufboi* (Aufbau) *isch, daß mir ää Sorderainhait ärzielt han* KLEIBER BURKHM 17.

Sorten-wechsel *sórdəwęgsəl* KÖNIGSCHAFFHSN. – m.: ‚alternierender Anbau von Kartoffeln, Getreide und Mais' 1949 eb.

sortieren *sovdīvn* HANDSCH.; *sǫrdīrə* HALBERSTUNG, KADELBURG; *sordīrə* RHEINBISCH., IHRGN; *sǫrdeęrə* MÜNCHW.; *sordērə* FREIAMT; *sordį̄ərə* LÖRRACH; *surtīrə* STOCKACH; Part.: *sǫrdīrd* LIEDOLSHM, REISELFGN; *gsordįvrd* O.ROTWEIL. – schw.: ‚auslesen, ordnen' LENZ WB. 65b, SCHWENDEMANN ORT. 3, 102, NOTH 309, BECK 64, FUCHS 62; *hąrdebfəl sordērə* ‚Kartoffeln für die Aussaat vorbereiten' FREIAMT; *węmv ję̄ds aləs* (alle Rebsorten bei der Weinlese) *sordīrə mų̄əs* 1979 IHRGN; *s holds wār nįd rįχdįg sǫrdīrd ųn nįd rįχdįg gsedsd* ‚das geschlagene Holz war nicht richtig sortiert und nicht ordentlich aufgesetzt' 1980 BÜHLERT. – Aus it. *sortire* (vgl. DWB. 10/1, 1813). – Vgl. *sichten 2*. – DWb. 10/1, 1813; Els. 2, 375; Fischer 5, 1462; Pfälz. 6, 184; Schweiz. 7, 1336; Südhess. 5, 1099.

R **Soruf** m.?: ‚Schnaps, Branntwein' WOLFACH/KLUGE R. 486; *sorof* PFULLEND./eb. 338, K. ERNST 334; *Sorf* SCHWAB ALTD. 193. – Vgl. *Jaien, sarfen*. – Zu rotw. *sarfen* < hebr. *saraf* ‚brennen'. – A. Bertsch 97b; Fischer 5, 1462; Klepsch 2, 1412 *(Soref)*; Pfälz. 6, 184; Südhess. 5, 1099.

Soße *sōs* verbr. in ganz Baden; *sōsə* O.SCHEFFL.; *sous* OFTERSHM; Dim.: *sēslə* O.SCHEFFL. – f.: **1)** ‚Tunke, gebundene Brühe, Beiguss' LEHR KURPF.[2] 137, FREI SCHBR. 151, LIÉBRAY 276, SCHWENDEMANN ORT. 1, 66, FUCHS 42; *e blindi Sooß* ‚Mehlsoße ohne Fleisch und Knochen' G. MAIER 160; *ä seemichi Soos* ‚eine sämige S.' DISCHINGER 177; *ə suurə soos* O.WEIER (RAST.)/ZFDMU. 1916, 284; *ə besərį sōs* WALDAU; auch im erweiterten Sinn für ‚Schweiß' und andere lästige Flüssigkeiten: *d Soos isch grad amer nab grännt* REUTE (EMM.); *Doo gugg, jedz leffd di gånz Soos nunnä* DISCHINGER 177. – **2)** ‚missliche Situation, unangenehme Geschichte'; *die ganz Sos* GANTHER STECHP. 64; *des išə šēnə sōs* KARLSR.; *jets haš d sōs* eb.; *d sōs khomt nāx* bzw. *nōx* eb.; *du haš mr ə nędə sōs ǭgrīrt* O.WEIER (RAST.)/ZFDMU. 1916, 284. – Franz. *sauce*. – Weiteres → *anrühren 2, herschlagen 2, herummachen 4, holländisch, I lang 1d, Quatsch*; vgl. *Braten-, Bruttel-, Butter-, Hasen-, Materi-, Salatsoße*; vgl. *versoßen, I Schmutz 1d, Schü*. – DWb. 10/1, 1815 *(Sosze)*; Els. 2, 376 *(Sose)*; Pfälz. 6, 184; Schweiz. 7, 1378 *(Sasse)*; Südhess. 5, 1099.

soßen → *versoßen*.

Soßen-schüssel *sousəšisl* OFTERSHM. – f.: dass. wie → *Soßiere* FREI SCHBR. 151.

Soßiere *sosjē* MANNHM, SCHRIESHM, OFTERSHM, ÖSTRGN. – f.: ‚Schale für → *Soße 1* mit Ausguss', Teil des Essgeschirrs BRÄUTIGAM SO 123, HERWIG-SCHUHMANN 115, FREI SCHBR. 151, DISCHINGER 178. – Zu franz. *saucière*. – Fischer 6/2, 3131 *(Sosiere)*; Pfälz. 6, 185.

sotan → *so(ge)tan*.

Soter Nebenform von → *R II Soch(t)er 2*, s. u. → *Fähnrichsochter*.

soter, -e, -es Pron.: **A.** Formen. **1)** Mask.: *sodr* HIRSCHLANDEN; *sodər* WERTHM, TAUBERBISCH. – **2)** Fem.: *sodi* TAUBERBISCH. – **3)** Neutr.: *sods* TAUBERBISCH. – **4)** Pl.: *sodi* WERTHM, TAUBERBISCH., HETTGN; *sode* TRESCHKLGN; *sodərə* ÖSTRGN. – **B.** Gebrauch. ‚solch, so beschaffen' HEILIG WB. 16; *wild a sods?* ‚willst du auch solches?' HETTGN; Ra.: *s gid sodi un sodi* PLATZ 299, ähnlich: *s gibd soddärä unn soddärä* DISCHINGER 177 (vgl. auch → *sotig*). – Geht von mhd. *sôtân* ‚so beschaffen, solch' aus, das wiederum auf *sôgetân* zurückzuführen ist. Mundartlich wurde die Endung *-ân* abgeschwächt. Siehe dazu SCHWEIZ. 7, 1472, HEILIG GR. 52. – Weiteres → *Helag, Mensch 2d*; vgl. *sämlich, sonig*. – DWb. 10/1, 1407 (unter *sogethan*); Fischer 5, 1433 (unter *sogetan*); Schweiz. 7, 1471 (*soten*).

† **Sotesse** n.?: wohl ‚erstes/unteres Stockwerk/Geschoss', spez. als Teil des Mauerwerks; aus einer Taxordnung für Maurerarbeiten von ca. 1780: *vom Widerlager bis zum ersten Sotesse* E. SCHNEIDER DURL. 157. – Laut eb. 233 zu franz. *sauteuse*. Viell. eher Zusammenhang mit franz. *sous* ‚unter'?

sotig *soutiχ* HANDSCH., RAPP.; *sodiχ* O.SCHEFFL., ROHRB. (EPP.); *soudiš* mancherorts Kurpfalz; *soⁿdiχ* REILGN; *soutiš* WIESLOCH; *sodiš* SCHWETZGN, NEULUSSHM; *sōdiš* SANDHSN; *sodig* LOBENF.; *soudiχ, -į-* MÖNCHZ., ÖSTRGN; *sōdig* ob. Markgräflerland; *sötig* LÖRRACH, HARPOLGN, SINGEN A. H., Hegau; *sotig* RADOLFZ. – Adj.: ‚solch, derartig, so beschaffen' MEIS. WB. 156b, ROEDDER VSPR. 529b, T. RAUPP 98, GLATTES 24, HARPOLGN/UMFR., RAPP./ZFHDMU. 2, 114, Hegau/DER HOHENTW. 1924, 74; *soⁿdiχə saχə* 1976 REILGN; *sottigi War* KUSSMAUL JUG. 1; *settigi Rezeptli* G. UEHLIN FÖH. 18; *soudišə laid* ‚solche Leute da', geringschätzig PLANKST.; *des sinn dii soudischä Schuu* FREI SCHBR. 151; *sottigi meet i au no* ‚solcherlei möchte ich auch noch' ELLENBAST 67; *söttige sott i ha* ‚solche sollte ich haben' 2005 SINGEN A. H.; *wet v soutiχə?* ‚wollt ihr solche?' LENZ 4, 214; *söttige, wo iifältig deher schwätzed* ‚solche, die dumm daherreden' FLÜGEL 84; *kaⁿ anneri fraa … als e sodige, wo …* ‚keine andere Frau … als eine solche, die …' LOBENF./ALEM. 26, 84; Ra.: *'s gibt Sodiche und Sodiche* C. KRIEGER KRAICH. 129, ähnl. DISCHINGER 178, HUMBURGER 187; erweitert: *'s gibt Soodische un Soodische, awer meischt meener Soodische wie Soodische* LEHR KURPF.[2] 137. – Abl. von in der Endsilbe abgeschwächtem mhd. *sôtân* ‚so beschaffen, solch', das wiederum auf *sôgetân* zurückzuführen ist. Weiteres dazu vgl. SCHWEIZ. 7, 1472. – Vgl. *sonig*. – Fischer 5, 1433 (unter *sogetan*); Schweiz. 7, 1472 (*sottig*).

Sotte f.: FlN WOLLENBG/UMFR. – Auch in Hessen (gemäß Landesgeschichtlichem Informationssystem) als FlN bel.; viell. zu md. *Sotte* ‚Jauche, Brühe, Pfütze' (DWB. 10/1, 1819). – Vgl. *Sod 2. 3, Sutte*.

sottern *sodərnə̃* O.SCHEFFL.; *sottərə* KONST.; Part.: *gsodərt* O.SCHEFFL. – schw.: **1)** ‚beim Kochen mit einem leisen Geräusch aufwallen' ROEDDER VSPR. 542b, BRUHR. 164. – **2)** ‚langsam braten' JOOS 110. – Nebenform von → *suttern*. – Vgl. *sieden*. – DWb. 10/1, 1820; Fischer 6/2, 3132; Pfälz. 6, 185; Schweiz. 7, 1471.

Sottise f.: ‚Dummheit, Albernheit'; *Sordise* ALBRECHT HS. – Entl. aus franz. *sottise* ‚Albernheit, Dummheit'. – Vgl. *Firlefanz, Narretei*. – DWb. 10/1, 1821; Fischer 5, 1463; Pfälz. 6, 185 (*Sottisen*); Schweiz. 7, 1474; Südhess. 5, 1100.

Soubeks-gut *sübogsgų̄ət* AUENHM. – n.: FlN eb. MENG 229/Tafel.

S(o)uterrain *sudrę̄* MANNHM; *sudrę̄(n)* OFTERSHM, SANDHSN. – n.: ‚Untergeschoss, Kellerwohnung' BRÄUTIGAM SO 123, FREI SCHBR. 151, LEHR KURPF.[2] 137. – Aus franz. *souterrain* (m.), wörtlich: ‚Unterirdisches'. – DWb. 10/1, 1821; Pfälz. 6, 828 (*Suterrän*); Südhess. 5, 1675 (*Suterrä(n)*).

so-viel *sofl* Plankst., Schonach, Gremmelsb., Möhrgn, Mühlgn, Singen a. H.; *sofīl* Weiler (Pforzh.); *sofīl* Ötighm, Halberstung; *sōfl* Schenkenz.; *sófīl* Tribg, Schonach, Gremmelsb., Gutmadgn; *sófil* Gütenb., Saig. – Konj.: **1) a)** ‚nach dem, was / in dem Maße, wie', bes. zur Einleitung einer Vermutung; *īɒ bflandsə dǫx sofīl į węis hawą́na dsē dswō ą̄* ‚ihr pflanzt doch meines Wissens Havanna c2 (eine Tabaksorte) an' 1955 Halberstung; *sofīl įχ wais* ‚soweit mir bekannt ist' 1973 Ötighm; *sófīl mɒ ghērd hed, hǫnd sį dswāhǫndɒdausįg mark krīəgd* ‚nach dem, was man gehört hat, haben sie zweihunderttausend Mark erhalten' 1972 Gutmadgn. – **b)** in der Fügung *sóf(ī)l as də* ‚umso'; *sófīl as də besr* ‚umso besser' Fleig 16; *wen ər ūsgšlǫfə hen, rēχdə n ər sofl as də mē* ‚wenn ihr ausgeschlafen habt, leistet ihr umso mehr' eb. 135. – † **c)** ‚wenn, → *sofern*'; 1520 *dan(n) wir dieselben alle / sovil wider diß vnser nüw statrecht nit sind / by irn würde(n) vn(d) crefften blibe(n) lassen wölle(n)* Freib. Stadtr. 28. – Adv./Pron.: **2)** zur Bezeichnung einer durch eine (bekannte) Bezugsgröße bestimmte Menge/Anzahl; *se wit as mër zelë kan fum blize bis mër dundere hört, sof'l Schtund isch s Wäter no ewäg* O. Fwglr 58; Ra.: *des isch grad sofil wiä de Miis bfiffe* ‚das ist lächerlich wenig' Strube Täik 29. – Zusammenrückung aus *so viel*, vgl. auch *viel 3a, so I2b*. – Weiteres → *verfrieren 1, gehauft, können BII2, Leuweide, Lump 1d, Lumsegi, I Malter 1, Muskatnuß, I Rahm 1, Ratstag, Regendach, Rindvieh 1, Rinds-, Schweinfasel, schwanicht, Schwebsegi, Schwein 1a, sammeln 1, seichen 3, Sester 1a, Siegel 1*. – DWb. 10/1, 1822; Els. 1, 109; Fischer 5, 1428 (unter *so 1b*); Pfälz. 6, 185; Schweiz. 1, 776; Südhess. 5, 1101.

so-weit *soūwaid* Werthm; *sowaid* Mannhm; *sowęid* Öschelbronn; *sǫ-, sowįd* Halberstung, Schutterwald, Burkhm; *sowíd* Münchw., Gütenb.; *sǫwit* Schonach, Wieslet. – Konj.: **1)** ‚in dem Maße/Umfang, wie; → *sofern*, wenn'; *dǭ mųs mɒ hald hōxdaidš šwedsə sowaid mɒ s kąn* 2000 Mannhm; *awɒ man hod sįš dǫn wįdɒ fɒsōnd sowaid mɒ s üwɒlēbd hod* eb.; *sǫwit as si nǫ dǭ sīn* 1971 Wieslet. – Adv.: **2) a)** ‚im Großen und Ganzen, ziemlich'; *geedəm soūwaid gud* Platz 299; *s įš sowíd fąrdig* ‚es ist annähernd fertig' 1994 Münchw.; *s isch au sowit groti gsi* O. Fwglr 69; *də rām įš sǫwit gūət* 1980 Schonach; *d sǫndbladērn* (Sandblatternte) *įš au dūrχ sowíd* 1955 Halberstung. – **b)** in Verbindung mit *sein* ‚fertig, bereit sein', auch ‚ein bestimmtes (erwartetes) Stadium, einen erwarteten Zeitpunkt erreicht haben'; *bis dᵊ ræbærg sǫwid įš* Kleiber Burkhm 24; *węn d sedslį* (Setzlinge) *sowíd gwę̄ sįn* 1955 Halberstung; *wæns dᵊnǫ sǫwįd įš* Kleiber Burkhm 23; *drai jǭr bauə mɒ jęds drā, ųn jęds įš s sowęid* 1955 Öschelbronn; *ųn węn sį sowįd sįn, nɒ gēn sį fųrd* 1972 Schutterwald. – Weiteres → *geratig, Scheibe 1a, schmeißen 1*. – DWb. 10/1, 1824; Pfälz. 6, 185; Schweiz. 16, 2300 (*sowit*); Südhess. 5, 1101.

so-wie-so *sowisō* mancherorts in ganz Baden; *souwisou* Hemsb. (Weinh.), Schrieshm, Rapp.; *sōwisō* Heidelbg, Rohrb. (Epp.), Aufen, Tengen; *sówiso* Halberstung (neben *sowisō*), Schutterwald, Schapb. (neben *sowisō*), Hofstet., Mönchwlr, Döggingen, mancherorts Markgräflerland; *sówiəso* Schonach, Tribg. – Adv.: ‚auf alle Fälle, ohnehin' Bauer Hemsb. 45, Meis. Wb. 155b, Heidelbg/Bad. Heim. 1917, 90; *dęnǭ hęts sowisō kain węrt* ‚dann ist es ohnehin nicht sinnvoll' Ib. (Säck.); *i wę̄ sōwisō kųmə* ‚ich wäre auf jeden Fall gekommen' 1918 Rohrb. (Epp.); *i wę̄r sówiəso nāgangə* Fleig 135; *mįd dęm kamɒ sowisō nind āfaŋə* ‚der ist ohnehin zu nichts zu gebrauchen' Gutmadgn; *bi ūs įš s sowisō ę węŋ bērgįg* Immeneich. Als Antwortpartikel: *sówiso!* ‚selbstredend' Witz 53; *sowisō!* ‚freilich, ja' St. Georgen i. Schw.; *ja sōwisō jā* Aufen; *ha jā sówiso* Hofstet. – Weiteres → *Salz 1a*; vgl. *also 2, vorther 2, ohnehin, so I4, welchenweg*. – DWb. 10/1, 1824; Eichhoff 3, 56; Pfälz. 6, 186; Schweiz. 7, 16 (unter *so*); Südhess. 5, 1101.

so-wohl *sowṓl* Mannhm, Buchenb.; *sówōl* Holzen. – Konj.: nach dem Nhd., steht zusammen mit *(als) auch* und verbindet zwei nebengeordnete gleichwertige Aussagen/Aspekte, mu. sehr selten; *įn d šwids, sówōl au fǫ dę šwids dōhē̄r* ‚nicht nur in die Schweiz, sondern auch von der Schweiz hierher' 2008 Holzen. – Weiteres (hist. Bel.) → *Rötele 2, Rück, schellenwerken 1a, Schildwirt*; vgl. *ob I2b*. – DWb. 10/1, 1824; Fischer 5, 1429 (unter *so*); Schweiz. 15, 1365.

Soz *sods* Mannhm, Neust.; Pl.: *sodsə* Mannhm; *-ɒ* Reute (Emm.). – m.: ‚Sozialdemokrat, SPD-Anhänger', meist abfällig gebraucht; *ən ąldə sots* Neust.; *morn göhntder in d' Fabrik / Un werdet Sozze, lehret Poch un Trutz* Burte Mad. 50. – Pfälz. 6, 186; Schweiz. 7, 1786 (*Sozi*); Südhess. 5, 1101.

Soz-bach m.: FlN Freib. (Kappel). – Zu mhd. *süeze, s(u)oze* ‚süß, angenehm, lieblich' (Bad. Flurn. I, 3, 234).

Sozen-feiertag m.: ‚Feiertag, der mit der SPD in Verbindung gebracht wird', etwa 1. Mai, abfällig; *so ᵊn blēdə sotsəfīrdįk* Neust.

Sozen-gefügel *sódsəgfīgəl* Gengenb. – n.: ‚Anhänger der Sozialdemokraten', verächtlich, 1932 eb. – Zum Grundwort s. → *Gefügel*.

Sozial f.: ‚Sozialstation' Schwendemann Ort. i, 41.

Sozius-sitz m.: ‚Beifahrersitz auf dem Motorrad' Kippenhm.

so-zu-sagen *sōdsųsǭxə* Dertgn; *soᵘtsųsāxə* Hemsb. (Weinh.); *sōdsųsārə* Ladenburg, O.gromb., Gausb.; *-sāə* Lohrb., Halberstung; *-sāxə* Krauthm; *-sāŗə* Au a. Rh.; *-sā* Greffern, Kappelwi.; *-sāgə* Sasbachwa., Hundsb., verbr. SW-Baden, Möhrgn; *sōdsāgə* Eschb. (Freib.), Wies, Rheinwlr, Gersb.; *sōtsēgə* Görwihl, Hauenstein; *sōdsųsęgə* Kadelburg; *-sagə* Villgn, U.bränd, Frickgn. – Adv.: ‚gewissermaßen, um es auf diese Art auszudrücken' Bauer Hemsb. 20; *des įš asǫ sōdsusāgə s sęlbə* Herdern; *das dī also sbīle sōdsųsǭxə* Dertgn; *dī mįən dan dī hęrdebfl bəsdrālə sōdsāgə* Eschb. (Freib.); *dɒ gēd dan s grās drundɒ sōdsųsāə kabud* Halberstung; *rę̄wə said mɒ, also mįd ę̄ sōdsųsā* Kappelwi. – Weiteres → *Franziskaner*; vgl. *Gottversprich, insofern, II rechen 2*. – Pfälz. 6, 186; Südhess. 5, 1102.

Sp-, -sp- Die Palatalisierung von *s* zu *š* vor Konsonant findet, anders als in der Schriftsprache, in allen Positionen statt. <*sp*> wird somit nicht nur im Anlaut, sondern auch im Wortinnern und am Wortende als *šb* bzw. *šp* ausgesprochen, wie z. B. in *gnušbərə* (knuspern) oder *rįšb* (Rispe).

Spach-bach m.: FlN; 1455 *im Spachbach* Schwarzach/Orten. 1975, 269; dazu auch *Spachbachsgarten* eb.

Spach-bruck *šbaxbrug(g)* Öhngn. – f.?: FlN; 1507 *in spachbrugg* Hegau-Flurn. 5, 69. – Bestimmungsw. zu mhd. *spache* ‚Holzscheit', von der Brücke auf das anliegende Gelände übertragener Name.

späсheln schw.: ‚Holz zerkleinern', nur im Part. Perf. belegt *gšbęχəld holds* ‚zerkleinertes Holz' 1968 O.winden. – Fischer 5, 1463 (*spächlen*); Südhess. 5, 1102.

Spachen, Spächele *šbąxə* Kappelwi.; *šbaxə* Rheinbisch.; meist aber Dim.: *šbęχələ* um Bühl (Rast.), Achern, O.kirch, Schiltach; *šbexili* O.hausen (Emm.); *šbęxli* Leipferdgn, Tengen; *špęχilį* Bonnd. (Überlgn); *špęχelə* Markelfgn; Pl. wie Sg. – m.: **1) a)** ‚zu kurz gewordener Rebpfahl' Burkart 211. – **b)** nur im Dim. ‚dünn gespaltenes Holz zum Anfeuern'

R. Baumann 84, Burkart 15, R. Bayer 24, G. Maier 139, Zinsmeister 23, Achern, Ottersw., Bühl (Rast.)/ZfdMu. 1915, 213; *Schbächili* Schmider KK 89; *spächeli* ‚Späne' Stockach. – **2) a)** ‚hagerer Mensch' Burkart 211. – **b)** übertr., nur im Dim. ‚dünne Beine oder Arme' R. Baumann 84, Burkart 15. – **3)** ‚eingetrockneter Schmutzfleck', auf Kleidung oder Gerät Rheinbisch.; vgl. *Flecken 1a*. – Zu mhd. *spache* ‚dürres Brennholz'. – Zu Bed. 1b vgl. *Anfeuerhölzle, Spächtele, Span 1c, Sprieße*. – DWb. 10/1, 1826; Fischer 5, 1463. 6/2, 3132; Schweiz. 10, 25; Südhess. 5, 1102.

Spachtel *šbaxdl* Mannhm, Oftershm; *šbaxdlɒ* Reute (Emm.). – f.?: ‚Spatel, Werkzeug mit Metallblatt' Bräutigam So 125, Frei Schbr. 152, Reute (Emm.). – Nebenform zu → *Spatel*, mu. jedoch weiter verbr. als dieses. – Weiteres → *Kelle 3*. – DWb. 10/1, 1829; Els. 2, 534; Fischer 5, 1464; Pfälz. 6, 186; Schweiz. 10, 44; Südhess. 5, 1103.

Spächtel, Spächt(e)le *šbe̜χdl* Stockach; meist im Dim.: *sbé̜χdlə* Schluchtern, Baden-B., Freib., Hintschgn; Pl.: *šbe̜χdəlen* O.uhldgn, sonst Pl. wie Sg. – m., (n.): **1)** nur im Dim. ‚Anfeuerholz, dass. wie → *Spachen 1b*' 2010 Schluchtern, O.uhldgn, Baden-B./ZfdMu. 1917, 160. – **2) a)** ‚vorne zugespitzter Holzstab, mit dem → *Spächt(e)(l)es* gespielt wird' Freib., Stockach. – **b)** ‚das Kinderspiel → *Spächt(e)(l)es*', um 1900 beliebt Hintschgn/Finus 196. – Nach DWb. 10/1, 1826 zu → *Spachen* mit eingeschobenem *-t-*. – Fischer 5, 1464 *Spächt(e)le*.

Spächt(e)(l)es *šbe̜χdi̜s* Wolfach, Möhrgn; *šbé̜χdləs* Bleib., Freib.; *špéxtləs* Schopfhm; *šbé̜χdili̜s* Lahr. – n.: ‚ein Spiel, bei dem ein → *Spächtel 2a* so in den Boden geworfen wird, dass er stecken bleibt, dann von anderen Spielern zu treffen und umzulegen versucht wird, während deren Spächtel aufrecht stehenbleiben sollen', Anf. des 20. Jh.s vorzugsweise von Buben gespielt; *Spechtles spielen* Bleib., Freib.; *Spechtis mache* Möhrgn/Alem. 34, 135. – Vgl. *Bohnenstecken 1*. – Fischer 5, 1464 (unter *Spächtele*); Südhess. 5, 1103 (*Spächt*).

spachteln *šbaxdlə, -ɒ* verbr. in ganz Baden; *šbaxdln* Schrieshm, Handsch., Adelshm, Bietighm; *šbą̄xdlə* Kappelwi.; Part. Perf.: *gšbaxdld, -t* Rapp., Karlsr.; *gšbaxdləd* Tribg. – schw.: **1)** ‚eine Masse mit einer → *Spachtel* verstreichen' Frei Schbr. 153, Dischinger 183, Schwarz 77, Rittler 129, Ruf 36, Burkart 83, R. Baumann 84, G. Maier 139, Fleig 119, Schwendemann Ort. i, 24; *Schbachtlɒ zum schbachtlɒ* Reute (Emm.). – **2)** ‚beim Essen tüchtig zugreifen, gierig essen', in ganz Baden, Frei Schbr. 153, Roedder Vspr. 529, Meis. Wb. 176b, Herwig-Schuhmann 118, Lenz i, 45, Lehr Kurpf. 115, Bräutigam So 125, Liébray 277, Humburger 173, Schwarz 77, Rittler 129, Wagner 186, Ruf 36, Burkart 83, R. Baumann 84, G. Maier 139, Fleig 119, Schwendemann Ort. i, 24, Reute (Emm.), Ellenbast 67, Karlsr./Pyramide v. 26.8.1928; *Der dued schbaachdle* Braunstein Raa. 28; er *spachtlt wass Zaisch halt* ‚isst, was das Zeug hält' Odenwald MPh. 101; *Wånn s Nuudl gibd, dudd ä immä dichdich schbachdlä* Dischinger 183; *Was mer heit gschbachdlt henn? Saure Bleddle, saure* (vgl. → *sauer 1c*) Kranich 27. – Zu Bed. 2 vgl. *pflästern 2, löffeln 1b, mauken 2, schachteln, zusammenhauen*. – DWb. 10/1, 1829; Fischer 5, 1464. 6/2, 3132(*spachtlen*); Pfälz. 6, 186; Schweiz. 10, 44 (*spachtlen*); Südhess. 5, 1103.

spächteln *šbē̜χdlə* Baden-B., Kappelwi., Stockach. – schw.: ‚das Kinderspiel → *Spächt(e)(l)es* spielen' Burkart 83. – Fischer 5, 1464 (unter *Spächtele*).

spächten *„spechte"* Müllhm, Auggen; *šbēxdə* Lörrach; *šbȫxdə* Hausen i. W. – schw.: ‚spähen' Beck 179, Hausen i. W./ZfdMu. 4, 166; *Jungi Auge gsuecht, go spöchte, / Aß si allbott stuune möchte* Baum Huus 19; *My Seel isch e Duube / My Geischt isch e Weih* (‚Habicht') */ Er spöchtet, sie flöchtet* Burte Mad. 375. – Zur Etym. vgl. → *erspächten*, worunter auch *ausspächten*. – Syn. unter → *spähen*. – DWb. 10/1, 2028 (*-e-*); Fischer 5, 1494 . 6/2, 3132; Schweiz. 10, 45. 49 (*-e- II*); Stalder 2, 381 (*-e-*); Südhess. 5, 1103.

Spadille f.?: ‚Kreuzdame, höchster Trumpf im Kartenspiel → *Spitzsolo*', dann folgt der → *Spitz*; *„Spatil"* Zeitungsbeilage Alemannisch' Heimat vom 13. Febr. 1938/O.-, U.münstert.; „Wenn jeder Mitspieler paßt (vgl. → *passen 1*), dann meldet der *Spatil*-Besitzer einen → *Vorschuh*" eb. – Zu franz. *spadille* ‚Pik-As'. – DWb. 10/1, 1831; Pfälz. 6, 187; Südhess. 5, 1104.

I **Spagat** *špāget* Mahlbg, Kaiserstuhl; *šbāgəd* U.ibent.; *šbagā̊d* um Tribg, Schopfhm, Radolfz.; *šbā̊gəd* Reute (Emm.), Hochschwarzwald, Baar, Schliengen, Riedern a. W., vereinzelt Hegau, daneben *šbe̜gə* Möhrgn und *šbą̄gə* Stockach; *šbą̄ge* Worblgn, Konst.; *spą̄ge* Schwäblishsn, Überlgn a. B. – m.: **1)** ‚dünne, kräftige Schnur' Fleig 119, 2000 Gütenb., Ellenbast 67, Joos 56, Kirner 39. 184, Fuchs 43. 63, Kaiserstuhl/Orten. 1910, 175; neben → *Bindfaden* Freib., Konst./Kretschmer 121, Aufen; beim Wurstmachen verwendet Kramer Gutmadgn 278, Langeno., Döggingen; auch zum Strohschuhnähen St. Märgen/Schulheft 1970, 32; für Pakete O.eschach; 1935 nicht sehr gebräuchlich Schopfhm. – **2)** ‚magerer Mensch', Schimpfname Möhrgn; *Schpägi* ‚mageres Mädchen' Ellenbast 63. – Zu it. *spago* ‚Schnur'. – Vgl. *Schnur*. – DWb. 10/1, 1831; Els. 2, 534; Fischer 5, 1464; Pfälz. 6, 187; Schweiz. 10, 54.

II **Spagat** *šbagā̊d* um Tribg. – m.: ‚turnerische Figur, bei der die Beine gespreizt werden' Fleig 119. – Vom gleichbed. it. *spaccata* (f.), das auf it. *spaccare* ‚spalten' zurückgeht (vgl. Kluge 681).

Spagat-schnur *šbāgəšnūər* Neuk. – f.: dass. wie → *I Spagat 1* M. Braun 147; *d Schpâgetschnier gnou no dr Längi rabhaue un Schloupfe dra mache* O. Fwglr 33. – DWb. 10/1, 1832; Schweiz. 9, 1309.

Spaghetti *šbagédi* Tiengen (Waldsh.); Dim.: *šbagedli̜* Wiechs (Schopfh.). – f./Pl.: ‚lange, dünne Nudeln'; *ə bfu̜nd šbagedli̜* 1951 eb.; *d ki̜ndɒ he̜n līəbɒ šbagédi wī šbe̜dsli̜* 2008 Tiengen (Waldsh.). – Jüngeres Lehnw., aus gleichbed. it. *spaghetti*.

spähen *„schbäv"* Reute (Emm.). – schw.: ‚suchend Ausschau halten' eb.; auch als Nomen agentis: *Schbäer* eb.; mu. selten, dafür eher → *spächten*. – Weitere Syn. unter → *aufpassen, gückelen, gückseln 1, linsen, mökelen, I schächen 2, II R schmieren, spionieren*.

Spal nur Pl. *šbālə* Iffezhm; *šbē̜lə* Ringshm; *šbē̜l* O.-precht. – m.?: **1)** ‚Verbindungsstäbe, die Schlittenbaum und Kufen zusammenhalten' O.precht. – **2)** ‚eine (nicht näher beschriebene) Art Hölzer im Fachwerkgiebel' 1922 Ringshm. – Zu mhd. *spale* ‚Leitersprosse'. – DWb. 10/1, 1845; Els. 2, 537 (*Spalen*); Fischer 5, 1465; Schweiz. 10, 108.

Spal-hölzer *šbą̄lheldsr* Münchw. – Pl.: ‚flache Hölzer, die als Halterung für die Oberdielen (am Bretterwagen) dienen' Schwendemann Ort. i, 107. – Zu → *Spal*.

Spalier *šbaliər* Rheinbisch.; *šbålīr* Schweighsn, Bottgn; *šbaliɒr* Reute (Emm.); *šbalēr* Pfaffenwlr (Freib.). – n. (für 1a und 2, sonst ohne Genusangabe): **1) a)** ‚Gerüst, an dem Pflanzen (spez. Obstbäume) hochgezogen werden' Rheinbisch. – **b)** ‚Baum, der an solchem Gerüst gezogen wird' 1968 Bottgn, Schweighsn. – **c)** ‚Birne' Reute (Emm.). – **2)** ‚Personengasse, die zum Geleit von zu ehrenden Menschen gebildet wird'; *Schbąliɐr schtą* eb. – **3)** ‚Murmel' 2001 Pfaffenwlr (Freib.); vgl. *Spalierkugel*. – Entlehnt aus it. *spalliera* ‚Baumgeländer'. – Zu Bed. 1 vgl. *Gehäl, Halde 1d, Landere 2c*. – DWb. 10/1, 1845; Fischer 5, 1465. 6/2, 3133; Pfälz. 6, 188; Schweiz. 10, 113; SDS VI, 173. 174; Südhess. 5, 1104.

Spalier-baum *šbālīrbǫįm* Bottgn. – m.: ‚(Obst-)Baum, der an einem → *Spalier 1a* gezogen wird' 1968 eb. – DWb. 10/1, 1847; Els. 2, 44; SDS VI, 173.

Spalier-birne *šp̨ǫlēərbīrə* O.bergen; Pl. wie Sg. – f.: ‚am → *Spalier 1a* gezogene Birne' 1992 eb. – DWb. 10/1, 1847; SDS VI, 173.

Spalier-kugel f.: ‚Murmel'; *Schbaliärchugle* 2001 Pfaffenwlr (Freib.). – Syn. unter → *Marbel, Schneller 4a*. – Pfälz. 6, 188 (*Spallkugel*).

Spalier-obst *šbalīrǫbšd* Stockach. – n.: ‚am → *Spalier 1a* gezogenes Obst' Fuchs 43. – Pfälz. 6, 188; Südhess. 5, 1104.

Spalier-rebe f.: ‚Rebstock, der am → *Spalier 1a* gezogen wird' Bahlgn/WKW 53. – Vgl. *Halde 1, Hausrebe, Landere 2a, Reblandere, -gehäl(d), Simsenkrebsler*. – Pfälz. 6, 188; SDS VI, 174.

Spallen *šbálə* Eberb. – m.: ‚büschelgroße Späne, Ballen' Eberb. Geschichtsbl. 1953, 8. – Viell. zum Verb *spellen* ‚spalten' (DWb. 10/1, 2138).

Spälm-eisen → *Spelmeisen*.

spälmen → *spelmeln*.

Spalt *šbald, -t* Werthm, O.scheffl., Oftershm, O.-weier (Rast.), Münchw., Langeno.; *šbąld* Hirschlanden; *šbālt* verbr. SO-Baden von Gutmadgn bis Konst.; Pl. *šbęlt* Gutmadgn, Degernau; *šp̨ē(ə)lt* Möhrgn; Dim. mit *-li* Endgn, Gutmadgn, Gütenb. bzw. *-le* Möhrgn. – m.: **1) a)** ‚Riss, Kluft; schmale längliche Öffnung' Platz 301, Roedder Vspr. 529b, Liébray 277, Kirner 97, E. Dreher 17. 73. 82, Fuchs 45. 48, Möking 14, O.weier (Rast.)/ZfdMu. 1916, 286; *duṛχ ən gands šmālə šbald* 1971 Langeno.; *D Diir ischt ən Spält wiit uff* Kramer Gutmadgn 278; *Un i wart bis mer d' Liebi e Spältli uffmacht* Jung Brägel 28; Ra.: *id emol me Schbäldli laufe kenne* von einem Betrunkenen gesagt, der nicht mehr gerade auf den Spalten der Dielenbretter entlang laufen kann Strube Wesch 67. – **b)** ‚Gesäß-, Schamspalte', humorist. im Schlagreim *Winter am Stinker, un kalt am Spalt* Gutach (Elzt.), Zährgn. – **2)** FlN; Wald und Wiese im → *Bohrer 5*; 1856 *Im Spalt* Günterst./Bad. Flurn. I 3, 234. – Mhd. *spalt* (m.) ‚Spalte, Ritze, Schlitz'. – Weiteres → *etwer 1a*; vgl. *Hufspalt*; Syn. vgl. *Schlitz*. – DWb. 10/1, 1849; Els. 2, 540; Fischer 5, 1466. 6/2, 3133; Pfälz. 6, 188; Schweiz. 10, 205; Südhess. 5, 1104.

Spalt-axt *šbaltagšt* O.weier (Rast.); *šbąldags* so u. ähnl. mancherorts SW-Baden; *šbaldagsd* Ödsb., Reichenb. (Hornbg), O.simonswald; *šbǫldǭgs* Meissenhm; *šbąlągs* Wittenw.; *šbaldsags* Wildgutach; *šp̨altaks* so u. ähnl. Klengen, Säckgn, mancherorts Klettgau u. Raum Messk.; *šp̨āltaks* so u. ähnl. Häusern, Uhlgn, Gaiss, Dettighfn, Lottstet., vereinzelt SO-Baden; *šp̨altakšd* so u. ähnl. Heinstet., Schwenngn, Hausen i. T.; Dim.: *šbaldęgsli* O.harmersb., Seelb.; *šbǫldagslį* Ehrenstet., Wollb.; *šbąldagslį* Haugn; *šp̨āltękslį* so u. ähnl. mancherorts SO-Baden. – f.: **1)** ‚schwere Axt mit breitem Gehäuse', zum Holzspalten/Zerkleinern der vom Stamm gesägten Rundhölzer verwendet SSA-Aufn. 172/3. 175/1, O.weier (Rast.)/ZfdMu. 1916, 286. – **2)** meist im Dim. ‚Handbeil zum Holzhacken', vereinzelt mittl. Schwarzwald, südl. Breisgau, Markgräflerland, Hotzenwald, mancherorts SO-Baden/SSA-Aufn. 175/3. – Zu Bed. 1 vgl. *Scheide 3b, Schlegelaxt, Spalthammer*; zu Bed. 2 vgl. *Holzbeil*. – DWb. 10/1, 1851; Els. 1, 84; Fischer 5, 1466; SSA IV/6.09; Pfälz. 6, 188; Schweiz. 1, 620; Südhess. 5, 1105.

Spalt-beil *šbaldbəil* Münchw. – n.: ‚zweischneidiges → *Beil* zum Zerteilen von Knochen', wird vom (Haus-)Metzger mitgebracht Schwendemann Ort. i, 76. – Vgl. *Haubeil*. – Pfälz. 6, 189; Südhess. 5, 1105.

Spalte *šp̨aldə* Rapp.; *šbald* Mörsch, Münchw.; *šp̨ąltə* Wehr; *šbāltə* Konst. – f.: **1)** dass. wie → *Spalt 1a* Meis. Wb. 176a, Joos 68; *dę duṛm hǫd šbaldə nǫuf khed fo ųndə bįs nǫuf* ‚der (Kirch-)Turm hatte Risse von unten bis oben' 1984 Buchenbg. – **2)** ‚von Meterrollen abgespaltenes Holzstück' Schäuble Wehr 138. – **3)** ‚senkrechter Druckstreifen in der Zeitung' Münchw. – Mhd. *spalte*. – Vgl. *Wolkenspalte*. – DWb. 10/1, 1851; Els. 2, 540; Pfälz. 6, 188; Schweiz. 10, 210; Südhess. 5, 1105.

spälteln *šbęldln* Bietighm. – schw.: ‚Holz in kleine/feine Stücke hacken' Rittler 129; *gschbäldls* Holz ‚fein gespaltenes Holz zum Anfeuern' Wagner 176. – DWb. 10/1, 1852; Pfälz. 6, 189; Schweiz. 10, 222 (*spältlen*); Südhess. 5, 1105.

spalten st. **A.** Formen. **1)** Inf.: *šbaldə* verbr. NBaden, nördl. und mittl. Schwarzwald bis südl. von Freib.; *šbeldɐ* Rapp.; *šbęldə* Ellmendgn, Sandw.; *šbąldə, -ǫ-* entlang des Rheins von Hügelshm, Lichtenau bis Weil a. Rh., Lörrach in einem Gebiet bis zur Vorbergzone des Schwarzwalds; *šp̨altə, -də* um Villgn, an Brigach und Breg, südl. Schwarzwald, vereinzelt Klettgau, verbr. um Messk. und Pfullend., vereinzelt Linzgau; *šp̨ąltə, -də* südl. Hotzenwald, Inzlgn, Herten; *šp̨ǫltə* Schopfhm, Karsau; *šp̨ęltə* Engen, Hemmenhfn; *šbaltɐ* Hausen i. T., Gutenstein; *šp̨āltə* verbr. Baar, Klettgau, Hegau, Höri, Bodanrück und Linzgau; *šbāltə, -də* O.baldgn, um Liggersd. und Stockach, Konst.; *šbēltɐ* Möhrgn. – **2)** Part.: *gšbaldə* O.scheffl., Rapp., Hettgn, Schenkenz., O.winden; *gšbåldə* Auenhm; *gšbąldə* Breisach; *kšbāltə* Liggersd. – **3)** Ind. Präs. 1. - 3. Sg. und Pl. sowie Imp. verhalten sich überwiegend dementsprechend; Ausnahmen: 2. Sg. *šbalšd* Heddeshm, Ketsch; 3. Sg. *šbeld* Schenkenz.; in Pforzhm wird für 2. und 3. Sg. Anf. 20. Jh.s in älterer Mu. der Au *šbeldš(t), šbelt* neben *šbaldš, šbalt* in rezenter Mu. gemeldet; in Liggersd. existiert in 2. und 3. Sg. *šbālt(šd), -ē-* nebeneinander. – **B.** Gebrauch. **1) a)** ‚einen Gegenstand mit einem Werkzeug (Keil, Axt) zertrennen' Platz 301, Heberling 20, Frei Schbr. 153, Liébray 277, Meis. Wb. 176a, Rittler 129, O. Sexauer 56. 92, Baur 58. 84. 107. 109, Schwendemann Ort. i, 144, Fleig 49, Klausmann Br. 16, E. Dreher 97, Kirner 95, Fuchs 12, Joos 68; *i hab holds gšbaldə* Roedder Vspr. 529a; *säll Holz zu schbalde säll isch ä Arbet* Sandw./Pflüger hs. 182; *gšbaldəs holds* Schiltach; *us em gschpaltene, zârtjärige* (vgl. *zartjährig*) *Fíachteholz* O. Fwglr 43; *s gschbalde Holz isch nonįt bigt* (vgl. → *beigen*) Meier Wb. 33; *üs gšbåldənm hols dūwə hǭwə* (Dauben hauen) Meng 182; *Daß mar alle Guckuke die Köbb sollt schpalde* Nadler 156; Grußformel (wenn jemand Holz spaltet): *spellt's* (bzw. *spallt's*) *guet* O.baldgn; Ra. unter → *lassen B1d*. – **b)** ‚mit einem Pflug die Erde aufbrechen'; *mìd'm Hifəlbfluęg d Fūrə schbaldə* ‚(bei der Kartoffelernte) mit einem Häufelpflug die Furche zerteilen' Schwendemann

ORT. I, 125. – **2)** übertr., nur Part. Perf. ‚in zwei gleiche Teile geteilt'; *so tief er gespalten ist* „bis an die Hüfte" FENDRICH 153; *Gemolt als Bullebeißer mit 're gschpaltne Nas* NADLER 63; feste Fügung (Spottname): *gšbaldənər husār* ‚Frauenzimmer' 1924 WILDT. (vgl. dazu ELS. 1, 385 u. FISCHER 3, 1922). – Ahd. *spaltan*, mhd. *spalten*. – Weiteres → *rahn 2, I rein I3b, scheitern 1*; zu Bed. 1a vgl. *II kippeln, kliefen, I scheiteln*; vgl. *verspalten*. – DWb. 10/1, 1852; Els. 2, 540; Fischer 5, 1466. 6/2, 3133; Pfälz. 6, 189; Schweiz. 10, 210; SDS VIII, 150; SNBW IV/52; Südhess. 5, 1105.

Spalten-rain FlN s. u. → *Klapf 4*.

Spalten-winkel m.: FlN ZÄHRGN; 1504 *reben an der Lienhalden und holz gen. der Spaltenwinkel* BAD. FLURN. I 3, 234.

Spalter *šbaldər* KÖNIGSCHAFFHSN, SCHOPFHM. – m.: **1)** ‚Vorarbeiter im Steinbruch', verarbeitet Granit zu Pflastersteinen 1938 BRÄUNLGN. – **2)** ‚Hackwerkzeug des Metzgers, → *Spaltbeil*' KÖNIGSCHAFFHSN/OCHS-FESTSCHR. 245, GLATTES 31. – **3)** ‚Kegelwurf schroff durch die Mitte' 1925 HEUWLR, Ggs. → *Streifer*; vgl. *Jungfernstich 2*. – Vgl. *Pfennig-, Hälmle-, Halm-, Hochrücken-, Holz-, Kaffeebohnen-, Kümmel-, Linsen-, Musmehl-, Nebelspalter*. – DWb. 10/1, 1858; Els. 2, 540; Fischer 5, 1467; Pfälz. 6, 189; Schweiz. 10, 217; Südhess. 5, 1106.

Spälter ‚Holzscheit' → *Spelte(r)*.

Spältere ‚gespaltenes Holz' → *Speltere*.

Spälte(r)-holz → *Spelte(r)holz*.

Spalt-hammer *šbąldhǫmər* so u. ähnl. O.WEIER (RAST.), HÜGELSHM, NEUW., mancherorts mittl. Schwarzwald; *šbaldhamər* so u. ähnl. RHEINBISCH., SULZ, mancherorts mittl. Schwarzwald; *šbalhāmər* SCHENKENZ.; *šbąlhąmər* ENDGN; *špąld-* INZLGN; *špāltham(ə)r* SCHWERZEN, BÜSGN. – m.: ‚schweres, axtähnliches Werkzeug zum Eintreiben der → *Scheide 3a* in das Holz' RHEINBISCH., O.WEIER (RAST.)/ZFDMU. 1916, 286, mancherorts in SW-Baden jedoch auch identisch mit oder schwer zu trennen von → *Spaltaxt 1* SSA-AUFN. 172/3. 175/1. – Fischer 5, 1467; SSA IV/6.09; Südhess. 5, 1106.

spältig *šbeldi* WERTHM. – Adj.: ‚in Teile gespalten' PLATZ 301. – Spätmhd. *speltig* ‚spaltbar'. Die aus WERTHM gemeldete Bed. ist von den unten genannten Wörterbüchern nur im DWB. 10/1, 1859 (*spaltig 2b*) zu finden. – Vgl. *geradspältig*. – DWb. 10/1, 1859; Fischer 5, 1467; Pfälz. 6, 190; Schweiz. 10, 220 (jeweils unter *spaltig*).

Spalt-keil *šbaldk[h]ail* O.WINDEN; *špǫlghail* O.BERGEN; *šbālkxęil* ROTZGN; *-ghęil* O.BALDGN; *špalkheil* HONSTET.; *špālkxaįl* HEMMENHFN; *šbálgheil* GUTENSTEIN; *špaltkhęįl* SALEM. – m.: ‚beim Holzspalten verwendeter → *Keil 1*', wird mit einem großen Hammer, spez. dem → *Spalthammer*, eingetrieben 1968 O.WINDEN, SSA-AUFN. 172/5. 6. – Vgl. *Scheide 3a*. – DWb. 10/1, 1859; Pfälz. 6, 190; SDS VIII, 143; SSA IV/6.06; Südhess. 5, 1106.

Spalt-klotz *šbál(d)glods* BÜHLERT., ETTHM, MÜNCHW., O.WINDEN; *špǫl(d)-* ALTENHM, KIPPENHM, O.BERGEN, BOTTGN; *šbalkxlǫts* BERNAU; *špāltklots* MÖHRGN, RADOLFZ.; *-kxlots* SINGEN A. H.; *špalklots* MARKELFGN. – m.: ‚Hackblock, auf dem man Holz spaltet' R. BAUMANN 85, SCHWENDEMANN ORT. I, 144, KIRNER 95, W. SCHREIBER 55, ELLENBAST 67, BUCHENB./KÜNZIG 67; Ra.: *dōlīgä wiä ä Kų'ä ufm šbáldglods* ‚sich breit räkeln' 1900 ETTHM; *mid dr Zid blīē [d] Schbaldglez* ‚wenn man lange genug wartet, blühen (auch) die Spaltklötze', gesagt, wenn aus einem Versager doch noch etwas wird FLEIG N. 15. – Weiteres → *walen*; vgl. *Hack-, Hauklotz, Spaltstock*.

Spalt-mörsel *šbaldmęršl* RIPPOLDSAU. – m.: ‚große Axt, → *Spaltaxt 1*' 1978 RIPPOLDSAU; *Spaltmörschel* O.HARMERSB./OCHS-FESTSCHR. 264. – Zum Grundw. s. → *Mörsel 2*.

Spalt-numere Gen.?: ‚Spaltmesser' ST. MÄRGEN/SCHULHEFT 1970, 31. – Grundw. viell. Entstellung aus → *II Lummel* ‚Messerklinge' (wie auch *Nummere[n]* als Beleg unter *Lammele[n]* ‚Messerklinge' in SCHWEIZ. 3, 1266), vgl. ELS. 1, 586 *Spaltlummi*, FISCHER 5, 1467 *-lamel* und SÜDHESS. 5, 1106 *-lammen*.

Spalt-schlegel *šbąldšlēgəl* MAHLBG. – m.: dass. wie → *Spaltaxt 1* 1979 eb. – Zum Grundw. vgl. → *Schlegel 1a*.

Spalt-speidel *šbaldšbīdl* BÜHLERT. – m.: dass. wie → *Spaltkeil* 1980 eb. – Zum Grundw. vgl. → *Speidel*.

Spalt-stock *špaltštǫkx* WEHR; *špāld-* DANGSTET.; *špāltštokx* AULFGN; Pl.: *špaltštǫ̈kx* WEHR. – m.: dass. wie → *Spaltklotz* SCHÄUBLE WEHR 138. – Schweiz. 10, 1759; SDS VIII, 151.

Spalt-tummere *šbálddumərə* SCHONACH. – f. (?): ‚Rolle vom Stamm, die sich zur Gewinnung von Schindelholz eignet' FLEIG 119. – Grundw. viell. zu → *Trumm 2*.

Spalt-wecken *špaldwegə* SCHÖNWALD. – m.: dass. wie → *Spaltkeil* SCHWER 26. – Vgl. *Scheidwecken*. – SDS VIII, 143f.

Span *šbō* WERTHM, EBERB., OTTERSD., ST. GEORGEN (FREIB.), NEUENWEG, WIESLET; *šbǫų* Taubergrund, MÖNCHZ., RHEINSHM, um VILLGN, FURTWANGEN; *šbaũ* vereinzelt Bauland, Kurpfalz, RAPP., STEIN A. K., SCHONACH, FISCHB. (VILL.), GUTMADGN, SINGEN A. H., mancherorts um LIGGERSD.; *šbō̃* HETTGN, HIRSCHLANDEN, PFORZHM, TRIBG, MÖHRGN, ZIMMERN (DONAU); *šbā̃* ADELSHM, ZAISENHSN, SUNTHSN, SINGEN A. H.; *šbǭ* OFTERSHM, vereinzelt nördl. Schwarzwald, Hotzenwald, mancherorts zwischen STOCKACH und ÜBERLGN A. B.; *šbų̄* ROHRB. (EPP.); *šbǭn* NEUBURGW., KIPPENHEIMWLR, KIPPENHM, JECHTGN, O.BERGEN; *šbōn* MÖRSCH; *sbān* mancherorts in der Rheinebene zwischen HONAU und BREISACH; *šbēn* KORK, O.SCHOPFHM; *šbą̄n* OTTENHM; *šbą̄* REUTE (EMM.), STOCKACH, KONST.; *šban, šbǫn* ST. GEORGEN I. SCHW.; *šbao* SIPPLGN; *šbęu* LUDWIGSHAFEN; Pl.: *šbę̄, -ē* vereinzelt in ganz Baden; *šbǭ̃* verbr. im Taubergrund und Bauland, WIESLET, SCHWANGN, WEIZEN, WEHR, ESCHB. (WALDSH.); *šbō̃ə* WESSENT.; *šbeĩ* BUCHEN, O.SCHEFFL., HANDSCH., RHEINSHM, PFORZHM, ST. GEORGEN I. SCHW.; *šbē̃* PLANKST., ADELSHM, RAPP., ZAISENHSN, um PFORZHM, SCHILTACH; *šbę̄ə* NEUBURGW., ROTENFELS; *šbį̄* PLITTERSD., BUCHENB., ZASTLER; *šbēn, -ē-* verbreitet entlang des Rheins von HONAU bis LÖRRACH, Breisgau; *šbān, -ą̄-* vereinzelt Hanauerland, Kaiserstuhl, Breisgau; *šbānə* HONAU; *šbēnə* ECKARTSW., KORK, GENGENB.; *šbōn* OTTENHM, LÖRRACH; *šbē[i]n* vereinzelt Tuniberg; *šbęi* um FURTWANGEN; *šbaĩ* SUNTHSN, nördl. des Überlinger Sees und im Linzgau; *špę̄̃* MÖHRGN; *špāĩ, špā̃* vereinzelt Baar und Hegau; Dim.: *šbōlə* HETTGN; *šbeĩlə* O.SCHEFFL.; *šbą̄nli* MÜNCHW., O.BERGEN; *špę̄le* MÖHRGN; *špāĩle* eb. („alt"); *šbaĩli* SUNTHSN; *špāili* SINGEN A. H.; *špǭnlį* WEHR. – m.: **1) a)** ‚Abfall beim Hobeln oder sonstigen Holzarbeiten' PLATZ 301, HEILIG GR. 97f. 101, ROEDDER VSPR. 529f., HUMPERT MUDAU 207, LENZ WB. 66a, FREI SCHBR. 154, LIÉBRAY 278, BRUHR. 157, MEIS. WB. 176b, O. SEXAUER 11. 111, BURKART 5. 169, BAUR 66, BESCH 33f., MENG 32. 106, SCHRAMBKE 134, SCHWENDEMANN ORT. 3, 89, DIERBERGER SASB. 341, KLAUSMANN 26. 51. 82, BECK 124. 181, SCHÄUBLE WEHR 138, HALL KT. 107, KRAMER GUTMADGN 278, W. SCHREIBER 33f., KIRNER 303. 311, E. DREHER 34,

Fuchs 24b, Joos 65. 87, O.schopfhm/ZfhdMu. 1, 323f., Rapp./eb. 2, 113, Zaisenhsn/ZfdMu. 1907, 278, Ottersd./eb. 1914, 344, O.weier (Rast.)/eb. 1916, 288; Anf. 16. Jh. *Wann der stattwerkmaister ... spen macht, ... die solt du, ... zesamen häufen* Überl. Stadtr. 228 (vgl. zu der Stelle eb. 728); *dǭ gits au šbę̄ fum hoblə* 1971 Weizen; Ra.: *Wo ghowled wird, gids Schbäi!* (von unerwünschten Nebenwirkungen) Strube Täik 51, ähnl. Forchhm (Karlsr.), Fleig 120, Markgr. 1933, 138; *s hed šbā̃n gān* ‚es hat Streit gegeben' Altenhm, evtl. motiviert durch → *II Spann*; Volksreime: *Wiə machə's iiⁿsərə Zimmrlitt? / Soo machə səs, / sə hauwə kleinə Speiⁿ əwäk / on frässə grossə Stickr Schbäck, / soo machə səs* St. Georgen i. Schw./ZfhdMu. 1, 349; *Dr kowlət Schpan hät siwə Eck, / hät mə schau lang fər en Narrə kett, ...* eb. 350. – **b)** ‚Lichtquelle, Kienspan' Platz 301; *bųęχəni šbę̄nə* 1932 Gengenb.; *D' Wälder fahre mit Schlitte voll Spöh der Wiese no abe* Hebel 16, 130; *genügsames Holz und genügsame Spöhn zum Licht* St. Märgen/Schulheft 1969, 96; *Sie laafen em noch mit de brennende Schpäñ* Nadler 116. – **c)** im Dim./Pl.: ‚Anfeuerholz, Anzündhilfe' Schäuble Wehr 138, W. Schreiber 34; „früher ganz kleine Scheite" 1978 Schiltach; *d šbǭ dsųm ǭfīrə* 1971 Wieslet; vgl. *Spächtel 1*. – **2)** übertr. ‚Geld, Vermögen' Wibel Mu. III, 19, Treiber 56, Lenz i, 45b; *der mueß Spän ha* Ganther Stechp. 126; *dęr mǫn hat šbę̄* O.weier (Rast.)/ZfdMu. 1916, 288; *dǭ sịn ịmɒ lịd kųmə wō šbę̄nə ghǭ hen* 1979 Griesb. (Freudenst.); Ra.: *Wu Spähn sinn, kumme Spähn hin* ‚Wer schon viel hat, bekommt immer noch mehr dazu' Wibel Ra. 34. – Mhd. *spân* ‚Holzspan'. – Weiteres → *Reisangel, selbenmals*; vgl. *Brisillen-, Grün-, Hau-, Hobel-, Ilm-, Kien-, Licht-, Meß-, Sägspan, -späne*. – DWb. 10/1, 1862; Els. 2, 541; Fischer 5, 1468; Pfälz. 6, 190; Schweiz. 10, 228; Südhess. 5, 1107.

Span-, Späne-brenner *šbǭbręnər, -ō̃-* nordöstl. Baden, Taubergrund; *šbę̄i-, -ej-, -eĩ-, -brenər* Eberb., O.scheffl., Neudenau; *šbę̄-, -ē̃-, -bręnɒ, -ər* Mannhm, Bruchsal, Zaisenhsn, Plankst., Adelshm, Rapp., Pforzhm; *šbę̄ⁿbrenɒ* Heidelbg, Mörsch, Rust; *šbǭbręnɒ(r)* verbr. um Oftershm, O.weier (Rast.); *šbę̄-, -ē-, -bręnɒ(r), -ər* Weinhm, vereinzelt um Schwetzgn, Eberb., im Kraichgau, Karlsr., O.weier (Rast.), Sandw., Neust.; „*Spīnbrenner*" Wiesloch; „*šbäubrännr*" Rust; *šbą̄nbrąnr* Etthm; *šbēnbręnər* Inzlgn. – m.: **1)** ‚einer, der Holzspäne (ver)brennt', entweder als Lichtquelle oder im Ggs. zu (teurerem) Brennstoff, wie Holz oder Kohle Kranich 51, 1912 Etthm. – **2)** Schimpfwort. **a)** ‚eine geizige oder sparsame Person' Platz 301, Heilig Gr. 98, 1988 Hardhm, Bräutigam So 125, Herwig-Schuhmann 118, Humburger 174, Lehr Kurpf.[2] 142, H. Schmitt[2] 119, Frei Schbr. 154, Dischinger 184, Meis. Wb. 176b, O. Sexauer 111, 1921/1979 Rust, 1912 Etthm, Neust., 1974 Inzlgn, Zaisenhsn/Zfd Mu. 1907, 278, O.weier (Rast.)/eb. 1916, 288, Neudenau/Bad. Heim. 1973, 133; *dés isn šbēbrenɒr* ‚das ist ein Geizhals' 1950 Eberb.; *er iš n šbēbrenr* ‚er spart kleinlich am falschen Ort' Bruchsal. – **b)** ‚Hungerleider, der nach außen hin großartig auftreten will' Roedder Vspr. 530a; ‚einer, der es zu nichts bringt' Bräutigam So 125, Lehr Kurpf.[2] 142; ‚Nichtsnutz' G. Müller 27; *Geh fort, dess isch enn Spehbrenner* Odenwald MPh. 101; *Hau abb, du liddärichä Schbeebrënnä!* Dischinger 184. – **c)** ‚hungriger Mensch' Wiesloch; Ra.: *dęɒ haut nāĩ wi ən šbēbręnɒ*, bei gewaltigem Appetit gesagt Mangold 39; vgl. *Scheuerdrescher*. – **d)** ‚geistig Beschränkter' Büchenbronn, Philippsburg/Odenwald MPh. 101. – **e)** Ortsneckname für die Bewohner von Mosbach Roedder Vspr. 530a. – Vgl. *Späneverbrenner*. – DWb. 10/1, 1872; Fischer 5, 1471; Pfälz. 6, 191; Südhess. 5, 1108.

Spän-brett *šbę̄bret* Glashütte (Bühl). – n.: ‚Kienspan' eb.

späne-brennern Adj./Adv.: dass. wie → *spänebrennig*; *späⁿbrennern* Tauberbisch.

späne-brennig Adj./Adv.: ‚knauserig'; *spänbrennig leben* Albrecht hs. – Zu → *Spanbrenner 2a*.

späneln *šbǭnlə* Wehr. – schw.: ‚auf der Reibe in kleine Raspel schneiden', z. B. Kartoffeln; *für de Bräägel bruucht mer gspōnleti Härdöpfel* Schäuble Wehr 138. – DWb. 10/1, 1873; Pfälz. 6, 192; Südhess. 5, 1108.

I **spanen** schw. (?): ‚Zugvieh verschiedener Bauern zusammenspannen', in Ermangelung eines vollständigen Gespanns der Beteiligten; „*spahne*" Göbrichen/Umfr. – Zum Lemmaansatz vgl. *Gespane*; Syn. → *maren*.

II **spanen** schw.: ‚durchbleuen, -prügeln'; *spaane* Bodersw./ZfdMu. 1917, 160. – Els. 2, 541; Pfälz. 6, 192 (jew. *spänen*).

spänen „*spenne*" Dertgn; *šbę̄nə* Zell a. H., Freiamt, Reute (Emm.), U.ibent.; *šbǭnə* Wehr; Part.: *gšbǭnt* eb. – schw.: **1) a)** ‚Holzspäne machen', zum Anfeuern Reute (Emm.) u. ö.; vgl. *spälteln*. – **b)** ‚mit Metallspänen etwas abreiben', z. B. Parkett Schäuble Wehr 138; *dr Bodɒ schbänɒ mit Schtâlschbä* Reute (Emm.). – **2) a)** ‚rennen, sich beeilen' Schmider KK 91, Reute (Emm.), U.ibent., Schülerspr. Schäuble Wehr 138; vgl. *seckeln*. – **b)** ‚angeben' U.ibent.; *dąr šbę̄nd wịdər əmǭl, dasəs god erbarmd* Freiamt; möglicherweise aus der Schülerspr. der 2. Hälfte des 20. Jh.s. – **3)** ‚kärglich halten in Essen und Kleidung' Wibel Mu. III, 19. – Mhd. *spænen* ‚zu Spänen machen, zersplittern'. – Vgl. *ausspänen*. – DWb. 10/1, 1873; Els. 2, 541. 543; Fischer 5, 1471; Schweiz. 10, 239; Südhess. 5, 1108.

Spän(e)-platz m.: FlN, im Zuge der Holzwirtschaft entstanden, z. B. im Hochschwarzwald zwischen Hinterwaldkopf und Rinken Ochs hs.; im Wald zwischen Rammersweier und Durbach: *špāneblatz* eb.; im Hotzenwald: *Spä(h)nplatz* Kunze Hotzenwald 199.

Späner *šbę̄nər, -ɒr* O.weier (Rast.), Breisach, O.bergen, Freiamt, U.ibent. – m.: **1)** ‚Geizhals' O.weier (Rast.)/ZfdMu. 1916, 288. – **2)** ‚Angeber' verbr. Breisgau, auch noch Anf. 21. Jh.; Abl. von → *spänen 2b*. – Fischer 5, 1472 (andere Bed.).

Span-esel m.: ‚eine → *Schneidbank*, auf der der → *Kübler* sitzend seine Hölzer zurichtet' Bernau/Ekkhart 1924, 50. – Vgl. *Schnitzesel*.

Späne-verbrenner m.: dass. wie → *Spanbrenner 2* Jöhlgn/Schwarz 114; Neckvers: *Nixkenna - Schbeevōbrenna* eb. 106.

Span-ferkel *šbānfęrgl* Münchw. – n.: **1)** ‚junges, noch saugendes Schwein' Schwendemann Ort. 3, 89; 1671 *außer den spanfärklin und gänßen* Kirchhm/Bad. Weist. 3, 153; 1743 *Der kleine zehenden, darin wird gerechnet kälber, lämmer, spanferkel, ...* eb. 179. In älterer Mu. nicht sehr verbr., dafür eher → *Milch-, Spansäule*. – **2)** Hausn. in Freiburg, vgl. → *Spünnferkel*. – DWb. 10/1, 1874; Els. 1, 129; Fischer 5, 1472 (*Spanfärchlein*); Pfälz. 6, 192; Südhess. 5, 1109.

Spän-gabel *šbą̄ngāwl* Etthm. – f.: ‚gabelartige Zwinge zum Befestigen des Kienspans am → *Spänstock*', 1918 eb. veraltet.

Spange *šbaŋə* O.scheffl., Rapp., Münchw., Konst.; *šbaŋ* Handsch., Oftershm, Münchw.; *šboŋ* Mörsch,

Berghaupten; *šbǫŋ* verbr. Schutter- und Kinzigtal; *šbǫŋə* Hofstet., Freiamt, O.spitzenb., Schweighsn; Pl.: *-ə* (bei einsilbigen Formen), sonst Pl. wie Sg.; Dim.: oft mit Umlaut, Endung *-lə, -li* verbr. – f.: **1)** ‚Verbindungsstück'. **a)** ‚Querholz zwischen den Wagenleitern vorne und hinten am Bauernwagen' 1968 O.spitzenb., Schwendemann Ort. i, 81; auch am Ziehkarren eb. – **b)** ‚Pflugteil' verbr. Schutter- und Kinzigtal; vgl. *Spanne 2*. – **c)** ‚Lederstreifen zum Besohlen der Schuhe'; *ə šbaŋə lęlər* Roedder Vspr. 530a. – **2)** ‚(oft) mit Verzierungen gearbeitete Schließe mit Klemmverschluss'. **a)** allg. Lenz Wb. 66b, Liébray 277, Roedder Vspr. 530a, Meis. Wb. 176a, 1979 Sulz, Joos 62. – **b)** ‚Haarspange' Schwendemann Ort. i, 81, Freiamt; Dim.: *Schbängl* Marx 50; vgl. *Spängerle*. – **c)** nur Dim.: ‚Zopfspange', hält die Haare am Ende des Zopfes zusammen, damit er nicht aufgeht; *šbęŋli* Freiamt. – **d)** ‚Brosche' Schwendemann Ort. i, 81, Freiamt; *Mein Sibylle, sage se, wär e Mamsell / Mit goldene Kedde un Schpange* Nadler 259. – *R* **e)** ‚Schnallen'; *spangen* Pfullend./Kluge R. 344. – **3)** Hausname Freib.; 1450 *hus zer spangen* K. Schmidt Hausn. 127. – Mhd. *spange* ‚Balken, Riegel, Band, Spange, Beschlag'. – Vgl. *Draht-, Leiterspange*. – DWb. 10/1, 1875; Els. 2, 544; Fischer 5, 1472. 6/2, 3134; Pfälz. 6, 192; Schweiz. 10, 357; Südhess. 5, 1109.

Spangel *šbǫŋl* Kappelwi. – f.: ‚was sich beim Essen im Hals querstellen kann', z. B. harte Teile des Apfelkerngehäuses oder eines Getreidekorns Burkart 120. – Zu → *Spange*, viell. beeinflusst von einem bei uns nicht belegten Wort *Spengel* für ‚Stecknadel', vgl. Pfälz. 6, 256.

Spängerle *šbęŋərli, -lə* Appenw., Bietighm, Freiamt, Reute (Emm.). – n.: ‚schmale, clipartige Haarklemme, zum Halten von Strähnen' Rittler 129, G. Maier 139. – Möglicherweise Kontamination aus *Spange* und *Klämmerle*.

† **Span-grün** n.: dass. wie → *Grünspan*; 1566 *Eisenschaum ein Lot / kupfferwasser, Spangrün*, gegen Nasenpolypen Pict. Leibs Artz. 94a; *außgebrannt spangrůn* eb. 123b; 1819 *Nimm 1 Vierling Baumöhl, 2 Loth Rosenöhl, ... und 1 Löffel voll Spangrün* Arzneybuch Bierbr. 6. – Mhd. *spângrüen*. – Weiteres → *rühren 1b*. – DWb. 10/1, 1881; Fischer 5, 1473; Schweiz. 2, 753.

Span-holz n.: ‚Abfallholz von Baumfällarbeiten'; *Dürrnäst un Spöhnholz het me trait / Un gsuecht enandernoo* Baum Huus 59; dazu der FlN (Dim.) *šbōnheldsl* Ottenhm. – DWb. 10/1, 1882; Fischer 5, 1473.

Spanien *šbanijə* O.scheffl.; *šbanje* Oftershm, Lörrach; *šbãnjə* Pforzhm. – n.: ‚das südwesteuropäische Land' Liébray 277, O. Sexauer 145, Beck 200; die Aussprache *šbãnijə* gilt in O.scheffl. unter Katholiken als protestantisch Roedder 530; Brauchtum: Im Pfingstreckenspiel in Wasenwlr spricht ein Mitspieler *Ich bin der Trompeter von Spanien / trinke gern ungrischen Wein* E. H. Meyer 152.

Spanier m.: ‚wer aus → *Spanien* stammt'; Ra.: *šdólds wįən šbánier* ‚sehr stolz' 1952 Eberb.

spanife(l)n *šbanīfə* Durmershm, vereinzelt nördl. Schwarzwald, unteres Kinzig- und Schuttertal, Breisgau; *šbonīfə, -ǫ-* Bühlert., Kappelwi., Diershm, Altenhm, Kenzgn; *šbanīflə* Münchw., um Schonach, Waldsh. – schw.: **1)** ‚auskundschaften, (aus)spionieren' Schmider KK 91, Schwendemann Ort. i, 24, Fleig 119, Endgn, Reute (Emm.), 1978 Waldsh. – **2)** ‚aufpassen, lauern' R. Baumann 85, Burkart 224, Diershm, 1953 Kappelrodeck, G. Maier 139, Marx 56, Fohrer 34, Braunstein N i, 13, Bayer 64, 1978 Feldbg; ‚gezielt auf etwas warten', z. B. Sonderangebote Ziegler 56; *mir Kindr hänn immer uf dänne Moment gschpaniefert, wo dr Kehle-Beck undr dr Ladedisch g'langt het* Brucker Wu. 90; *nach alle Site spanífen* Albrecht hs.; *so hen sie ... nooch d'r ... Dande g'spanieft* Ganther Stechp. 11; *D'r Schandarm het sich schier d'Auge rus g'luegt un si Hals v'rstreckt vor Spaniefe* eb. 72. – **3)** ‚staunen' Durmershm, Waldk. Heimatbr. 1962, S. 4. – **4)** ‚interessiert schauen' Kenzgn/ZfdMu. 3, 94. – Aus dem Rotwelschen. – Els. 2, 543; Fischer 5, 1474; Pfälz. 6, 194; Schweiz. 4, 680. 10, 307; Wolf R. 5421.

spänig *šbǭnig* Wehr. – Adj.: ‚trocken, strohig', von Fleisch gesagt; *en alt Schūfelį* (→ *Schaufel 3a*) *įsch gärn spǭnig* Schäuble Wehr 138. – Schweiz. 10, 239.

Spaniol *šbanijōl* O.scheffl. – m.: **1)** dass. wie → *Spanier*, veraltet; *als die Spaniolen anrückten* Hebel IV, 124/6. – **2)** Übername für ein Mädchen, das durch sein widerspenstiges Haar auffiel Roedder Vspr. 530a. – Els. 2, 543; Fischer 5, 1475; Pfälz. 6, 194; Schweiz. 10, 303; Südhess. 5, 1110.

spanisch *šbanįš, -iš* O.scheffl., Neckarhsn, um Hockenhm, Ottenhm, Münchw., St. Georgen (Freib.), Lörrach; *šbǫnįš, -iš* Eberb., um Plankst., Alt-, Neulusshm, Östrgn, O.weier (Rast.), Kappelwi.; *šbååniš* Östrgn. – Adj.: **1) a)** ‚aus → *Spanien* stammend oder dazu gehörig' Frei Schbr. 153, Burkart 137, Beck 200, O.weier (Rast.)/ZfdMu. 1916, 288; *šbanišə wī* Staedele 19. – **b)** in Ra.: ‚unverständlich, fremd, verdächtig, komisch' Frei Schbr. 153, Liébray 277, Litterer 316, Dischinger 183f., Burkart 137; 1768 *Nun komme demselben* (nämlich dem katholischen Pfarrer in Bauerbach) *dieses onus dergestalt spanisch vor, daß er ...* Rinklgn/O. Bickel hs., Protokoll des Speyerer Domkapitels vom 5.7.1768 in Akten des G.L.A. 229/5888; *dęs kǫmt mr šbǫnįš foor* O.weier (Rast.)/ZfdMu. 1916, 288; *di siwə šbanišə dęrfər* ‚Dörfer hinter dem Mond' Roedder Vspr. 530a (vgl. → *Dorf 1*); *sich uff schbannisch empfehle* ‚sich grußlos entfernen' Litterer 316. – **2)** *sp.* als differenzierendes Attribut bei Pflanzen, Tieren und Gegenständen. **a)** *sp. Gras* ‚Bandgras, Phalaris arundinacea'; *spanisch grą̄š* Roedder Vspr. 530a; *šbàniš grą̄s* Lauf/Mitteil. 1933, 292, Münchw./eb. 402, Schwendemann Ort. i, 165. – **b)** *sp. Brombeere* ‚Kermesbeere, Phytolacca decandra'; *spanišə brōmərə* Memprechtshfn. – **c)** *sp. Gutedel* ‚grüner Gutedel, Chasselas verd.' Breisgau/J. Metzger Weinb. 22; ‚geschlitzblättriger Gutedel' eb. 25. – **d)** *sp. Holder* ‚Syringa-Fliederarten' unter → *Holder 4*. – **e)** *sp. Mucke* ‚Käfer, Lytta vesicatoria' Roedder Vspr. 530a; vgl. → *Fliege 2, III Mucke 1f, Schweizermädle 2*. – **f)** *sp. Rohr* ‚Stock aus leichtem Peddigrohr', zur Züchtigung Roedder Vspr. 530a, Heidelbg/Kretschmer 391; *'s spanische Röhrle* Titel eines humoristischen Gedichtbandes von Fritz Romeo; hierzu auch die euphemistische Bildung *sp. Nudeln*: *„... so kanns spanische Nudeln absetzen," er meynte Röhrlein* Hebel IV, 118; vgl. → *Meerrohr*. – **g)** *sp. Bock* ‚waagerechte Spinnmaschine'; *dr šbǫniš bok* 1950 Eberb. – **h)** *sp. Wand* ‚Wandschirm'; *ə spanischi wą̄ⁿd* Roedder Vspr. 530a. – **i)** *sp. Seuche* ‚ansteckende Krankheit' unter → *Seuche*; vgl. → *Grippe, Krankheit*. – Weiteres → *französisch 1, Kreuztee, I Reuel 2, Schlämpen 1a, Söldner 1, Wicke*. – DWb. 10/1, 1885; Els. 2, 543; Fischer 5, 1475. 6/2, 3134; Pfälz. 6, 195; Schweiz. 10, 303; Südhess. 5, 1110.

Span-korb *šbę̄khǫrb* Au a. Rh.; *šbǭkorb* Ottersd.; *-kǭərb* Kappelwi.; *šbānkǫrb* Münchw.; Pl.: *šbǭkhęrb* Wintersd.; Dim.: *šbǭkęrwl* Eberb. – m.: ‚aus Holzspänen geflochtener Korb' Ruf 36, Burkart 169, Schwendemann Ort. 3, 89. – Vgl. *Schienenkorb.*

Spänlerin ,Schreinersfrau' → *Hobelspänlerin.*

Span-meister → *Spannmeister.*

† **Span-messer** n.: ,in einer → *Scheide 1a* getragenes Messer'; 1294 *Swer och dekain sponmesser trait in der stat, ...* Vill. Stadtr. 8; 1371 *Wer ze Vilingen ... zucket ... ain swert, ain spanmesser, ain schaidmesser, ...* eb. 32. – Zu bei uns nicht bel. *Span* ,Scheide für Degen oder Messer', vgl. DRechtswb. 13, 822 (mit hist. Bel.), vgl. dazu auch Schweiz. 10, 232f. (*Spān I2b*). – DRechtswb. 13, 830; Schweiz. 4, 464.

I **Spann** *šban* O.scheffl. – m.: ,Rist des Fußes, Fußrücken'; *doo iwərəm šban dut s wei* Roedder Vspr. 530a. – Abl. von *spannen.* – DWb. 10/1, 1889; Pfälz. 6, 195.

† *II* **Spann** m.: ,Streitigkeit, Hader, Zerwürfnis' Überl. Stadtr. 131f. u. ö.; 1368 *deheinerhande stosse oder span* Neuenb. Stadtr. 34; *umb solich ir spenn und mißhelle* eb. 75; 1491 *Was spennen sich aber in gemelter zit ... begeben ...* eb. 81; 15. Jh. *Als spenne gewesen sint zwùschent ...* [einem Kloster u. einem Stift] *... von zweyer vellen wegen ...* Tennenb. Güterb. 87; 1520 *darzů solle(n) die hendel nit geteilt werden / also das ein teyl des spanß vor gericht / der ander teil vor vns gerechtvertigt* Freib. Stadtr. 9a; 1582 *nit geringe spenn und irrungen* Vill. Stadtr. 161; in einem Wasservertrag von 1586: *aller handen nachparliche irrungen und spenn zwischen den dreien Gemeinden* Stein a. K. – Das nur historisch belegte Wort ist eine Abstraktbildung zu *spannen*, vgl. Schweiz. 10, 285. – DWb. 10/1, 1862 *(Span)*; Fischer 5, 1470 *(Span II)*; Schweiz. 10, 279 *(Spann III)*.

Spann-ader f.: ,Sehne, Nerv', veraltet Pfrengle Harthm 15. – Vgl. *Ader, Geäder 2c.* – DWb. 10/1, 1891; Els. 1, 14; Fischer 5, 1476; Schweiz. 1, 88.

Span-nagel m.: FN Nied Freib. 78b; aus Übername entstanden, zu *Spann-nagel* ,Stecknagel zur Befestigung des Doppeljochs an der Deichsel' (im UG nicht bel.) eb.

† **Spann-baum** m.: ,(eingebauter) Balken'; 1770 *den Stock oder Plaz auf denen Schwein Ställen, biß an die Spann Bäum oder Thräm* (vgl. → *Träm*), *in dem 3ten Stock zwey Kammern hinter einander, der Ziegel Hütten nach, auf denen Spann Bäumen* Stadtarchiv Schopfheim. Gerichtsprotokolle 1767/72, S. 278b; *seiner Schwester den Plaz ob denen Schwein Ställen, was auf denen Spann Bäumen ist als ein eigenthum zu überlaßen* eb. – Fischer 5, 1476; Schweiz. 4, 1246; SDS VII, 238.

Spann-bengel *šbǫ̃nbęŋ(ə)l, -baŋl* verbr. Ufgau, nördl. u. mittl. Schwarzwald bis Eltztal, O.rimsgn; *šbanbaŋ(ə)l, -bęŋəl* Plittersd., Freiolshm, südl. Hanauerland, verbr. Ortenau, ob. Kinzigtal, mancherorts südl. von Freib.; *šbãnbeŋl* Schenkenz.; *šbǫŋbęŋl* Sasbachwa.; *šbąmbaŋl, -bęŋl* Gündlgn, Mengen, Ehrenstet., O.münstert.; *špǫnbęŋl* O.precht., Glottert.; *špambęŋl, -pęŋl* Kappel i. T., Hofsgrund, vereinzelt Hochschwarzwald, verbr. Hegau, um Messk., Bodanrück, Linzgau; *španbęŋl, -pęŋl* vereinzelt an Brigach u. Breg, nördl. der Donau, Tengen, Bodanrück, Bonnd. (Überlgn); *špą̃nbęŋl* Denzlgn, Engelswies; *špą̃ñbę̄ŋ̄l* um Möhrgn, Singen a. H.; *špą̃bęŋl* Leibertgn. – m.: **1)** ,Drehknüttel, mit dem eine Kette oder ein Seil gespannt wird, um die Wagenladung zusammenzuhalten' Sandw., Rheinbisch., Meng 246. 267, Fohrer 196, Lauf/Acherbote 17.6.1927, Kirner 415; *stiff wie ein Spannbengel* Nesselrd/Ochs-Festschr. 261; Angaben im Einzelnen: ,zum Festdrehen beim Holztransport' Baur 269, Zinsmeister 21 (vgl. dazu SSA IV/6.01); ,zum Spannen des Garbenseils' Bayer 64, G. Maier 139, Braunstein N i, 13, Offenb./Ochs-Festschr. 263; ,zum Spannen des Jauchewagendeckels' Rittler 130; ,zum Spannen von Heu auf den Leiterwagen' W. Schreiber 23; ,Teil des Herbstwagens' Kreutz 52. – **2)** dass. wie → *Spannscheit 1* Schwendemann Ort. i, 106. – Syn. zu Bed. 1: *Bind-, Brüchreitel, Brüch-, Reitel-, Sprieß-, Wellenbengel, Reitel 1a, Schweibel 1a*; vgl. *III Bruch 2.* – Fischer 5, 1476; Pfälz. 6, 196; Schweiz. 4, 1373.

Spann-bügel *šbąnbīgəl* Grauelsbaum. – m.: ,letzter Bügel an der → *Reuse*', Fischerspr. Fluck 318.

Spanne *šban* Handsch.; *šbån* Friesenhm; *šbani* N.schopfhm; *španį* Freib. – f.: **1) a)** ,eine bestimmte Länge' Lenz Wb. 66b. – **b)** dass. wie → *Hoche*, beim Anwerferlesspiel Freib. – **2)** ,ein Pflugteil' (E.) Beyer hs./Friesenhm, N.schopfhm; vgl. *Spange 1b.* – Ahd. *spanna*, mhd. *spanne* ,Breite der ausgespannten Hand'. – DWb. 10/1, 1893; Fischer 5, 1476; Pfälz. 6, 196; Schweiz. 10, 244; Südhess. 5, 1112.

spannen *šbanə* Werthm, verbr. Kurpfalz, Rapp., um Pforzhm, vereinzelt im Rheintal von Honau bis Kenzgn, vereinzelt entlang der Vorbergzone von Nussb. (Oberk.) bis Reute (Emm.) und auf dem Schwarzwaldkamm von O.wolf. bis St. Märgen, O.münstert., Todtm., Sunthsn, Liggersd., Stockach, Konst.; *šbǫnə* Ufgau, nördl. und mittl. Schwarzwald, vereinzelt Rheinebene; *šbąnə* verbr. Rheinebene von Lichtenau bis Grunern; *španə* vereinzelt Hochschwarzwald, Baar, um Messk., Linzgau; *špañə* östl. Baar, Hegau, Bodanrück; *šbañɒ* Kluftern; *špą̃nə* Heinstet., Leibertgn, Engelswies; Part.: *gšband, -ǫ-* verbr. im ganzen UG; daneben auch *gšbånə* Auenhm, Altenhm, Wieslet; *gšbanə, -ɒ* Zell-Weierb., Etthm, Schiltach, Gütenb., Reute (Emm.), Zell i. W., Billafgn, Fützen; *gšbǫnə* Ottoschwan.; *kšpãñə* Möhrgn. – schw., st.: **1) a)** ,etwas straff anziehen' Platz 301, Liébray 277, Meis. Wb. 178a, Schrambke 111, Klausmann Br. 15, Schwer 24, Zinsmeister 26. 65f, Kirner 474, O.weier (Rast.)/ZfdMu. 1916, 288, Kenzgn/ZfhdMu. 1, 364; *Muessi spinne dhueni spanne* Burte Mad. 294; *dro schpant mër de Zapfe in Handklobe* O. Fwglr 30; *dī hānə sịn gšbanə ụn dę fiŋər ịš ąm abdsūg* 1955 Zell-Weierb.; Ra.: *... die Hosen gespannt* ,gezüchtigt, übers Knie gelegt' Heidelbg/Germanist. Abh. Pa. 198; vgl. *Hosenspannens.* – **b)** ,ein Seil oder Draht spannen' Frei Schbr. 153, Ellenbast 67; Brauchtum: Vielerorts war es üblich, bei Hochzeiten oder Kindstaufen den Wagen durch das Spannen eines Seils anzuhalten Schwörst./E. H. Meyer 278, 1895 Lienhm, Fleig 119; vgl. → *vorspannen.* – **c)** ,mit Spannkette bzw. -seil die Wagenladung befestigen' Schwendemann Ort. 3, 90, O.bergen, 1981 Bonnd. (Überlgn), Sunthsn; *də wagə gšbanə* Billafgn; *dr Wagɒ schbannɒ mit em Gschbänn* (vgl. *Gespänn 2*) Reute (Emm.); *ụm d Lǫndwīd rụm šbǫnə* 1968 O.winden. – **d)** ,einen Wasserlauf mit einem Setznetz, das an beiden Ufern befestigt ist, absperren', Fischerspr. Auenhm/Fluck 207, auch beim Aufstellen von Drahtfallen gesagt eb. 403.– **e)** ,ein Zugtier einspannen'; 16. Jh. *Doch sollend ir niemands euch spannen zů lassen nit tringen, sonder so ainer seiner gelegenhait nach selbst spannen wöllte* Überl. Stadtr. 273; *hät er för si Frachtwägili ë Esili gšpane* O. Fwgler 3; *Kii ǫn də wagə šbonə* O.weier (Rast.)/ZfdMu. 1916, 217; *... het en uf e lang Brett bunde und het e Roß vor ihn häre gspanne* Künzig 123; *Schpann ich geern mich vor die Lein* Nadler 88; vgl. *Gespann, I spanen.* – **f)** ,eine Schraube anziehen' G. Maier 139. – **g)** ,einen Bach stauen'; *ein Bach ịš gšbanä* 1921 Etthm; *dǭ hęmɒ dę bax ę bịslə gšband* *gbabd* 1955 Öschelbronn. – **h)** ‚das Kügelespiel der Kinder spielen'; *šbikkə-n-und šbannə* Fuchs 63; vgl. *dutzen.* – **2)** ‚dehnend, hemmend schmerzen', bei Lähmungen oder Geschwulsten Zimmerm. hs. 285. – **3)** übertr. **a)** ‚(aus)schauen, ausspähen, auf etwas lauern' Platz 301, Joos 60, bes. im Rotwelschen und in der Kundensprache K. Ernst 334, Pfullend./Kluge R. 337. 343 f., Zizenhsn/eb. 474; *wī v špant!* Heidelbg; *uff ebbes spanne* eb./Bad. Heim. 1917, 89; *auf Arbeit gschbannd hawwe* Bräutigam So 126; *die ... spannt immer auf dein Plätzle* H. Villgr Reb. 113; *Schu lang spannt der Kok uf des Pöschdli* Ganther Stechp. 34; *Gerade auf das hat der Vogt gespannt* Wörner Orchid. 385. – **b)** ‚(be)merken, vermuten, etwas ahnen' Platz 301, Fleig 119; *Die werklich gute Sache ... die vazählt koiner. Wail's koiner spannt* Bretl 66; *Wenn häschs eigentlich 's erstmol gspanne, Spätzli* Jung Brägel 59; *Ich hǫn's schu lǫng gschbǫnne, si bliänzlet allewiil mit äm* Meier Wb. 36, ähnl. Reute (Emm.). – **c)** ‚(er)warten, aufhorchen, aufmerken' Frei Schbr. 153, R. Baumann 85, Ellenbast 67; *gell do spannsch!* Burte Mad. 41, ähnl. O.weier (Rast.)/ZfdMu. 1916, 288; *dō hot v awv gšband* Meis. Wb. 178a. – **d)** ‚begierig sein, etwas zu erfahren', nur im Part. Perf. *uf ęppəs kšbant si* Fuchs 77e; *īch bin gšband, wi lang ders dord ausheld!* Platz 301; *Isch bin gschbannd uf den neie Roman* Herwig-Schuhmann 118, ähnl. Schwendemann Ort. 3, 41; Reute (Emm.); Ra. und Vergleiche: *Ich bin gschponnt wiä ä Rängebooge* bzw. *wiä ä Rängedach* (→ *Regendach* = ‚Schirm') Schmider KK 2, 29, ähnl. G. Maier 139, Ellenbast 67; in grotesker Paradoxie: *Isch bin gschbannd wie en zugeglabbder Reegeschärm* Bräutigam Mach 39; *gšbánd wįən fidlbōxə* 1952 Eberb. – Mhd. *spannen* ‚spannen, sich dehnen, gespannt, begehrlich, freudig erregt sein'. – Weiteres → *I Bock 7, Futterwanne, Regendach, -schirm*; vgl. *ab-, an-, auf-, aus-, daran-, darauf-, ein-, ent-, vor-, für-, ge-, über-, zusammenspannen.* – DWb. 10/1, 1895; Els. 2, 542; Fischer 5, 1476. 6/2, 3135; Pfälz. 6, 197; Schweiz. 10, 246. 287; SSA IV/6.02; Südhess. 5, 1113.

Spannens, Spannerles *špánvləs* Mannhm; *španelǝs* Achern, Teningen; *šbanis* Schopfhm. – n.: ‚eine Art des Anwerferlesspiels (mit Schnellkugeln), bei der die Spanne eine Rolle spielt' Karlsr., dass. wie → *Messerles*; *bödšis un šbanis* Schopfhm. In Achern bekommt man für eine Spanne (= Abstand zur Vorkugel) drei Kugeln, für zwei Sp. zwei, für drei Sp. eine Kugel.

Spanner *šbanv, -ər* Kurpfalz, Lahr, Waldk. (Elzt.); *šbǫnv* Neulusshm, Schwetzgn. – m.: **1) a)** ‚Auflader von Frachtwagen'; 1931 „ausgestorbener Beruf" Lahr. – **b)** ‚einer, der auf eine Gelegenheit zu bezahlter Arbeit wartet', vor allem als Übern. für die Mannheimer gebraucht: *Mannemer Schbanner* Bräutigam So 126, ähnl. Frei Schbr. 153, Ochs-Festschr. 273, Heidelbg; die konkret motivierte Grundbed. ist konnotiert mit → *spannen 3a*; vgl. *Blaumaul, Wuppdich.* – **2)** ‚Spielart beim → *Rüblingles* (Kinderspiel)'; *Spanner und Bätscher* Waldk. Heimatbr. 1966. – **3)** ‚Schmetterling', in → *Frostspanner.* – *R* **4) a)** ‚Auge' Wolfach/Kluge R. 479. – **b)** ‚Weste' eb. 488; vgl. *Kreuzspanner.* – Mhd. *spanner* ‚Ballenbinder, Wagenlader'. – Vgl. *Draht-, Hexen-, Rücken-, Sägenspanner.* – DWb. 10/1, 1909; Els. 2, 542; Fischer 5, 1478; Pfälz. 6, 201; Schweiz. 10, 270; Südhess. 5, 1114.

Spänner in → *Ein-, Zweispänner.*

Spanner-haus n.: Hausname in Oberschwarzhalden (zu Schönenb. (Schluchsee) gehörig) Krieger 2, 1029.

Spann-feder *šbanfedər*[3] Saig. – f.: ‚metallene Feder zum Spannen', in der Uhrenfabrikation gebr. 1971 eb.

Spann-holz *šbanholds* Hofw.; *šbān-* Altenhm; Pl.: *-hęlsr* eb. – n.: **1)** ‚Stange, die beide Leitern eines Leiterwagens verbindet' Fohrer 174; vgl. *Spannscheit 1.* – **2)** ‚Holz, das den Kopf der Kühe festhält, wenn sie vom Bullen besprungen werden' Friedrich Roth, Und die Sterne leuchten doch. Lahr 1953, S. 173; vgl. *Sprungstand.* – DWb. 10/1, 1911; Fischer 5, 1479; Pfälz. 6, 201; Schweiz. 2, 1261; Südhess. 5, 1115.

† **spännig** Adj.: ‚strittig, umstritten'; 1520 *in gütlicher rachtung vmb das spennig gůt* Freib. Stadtr. 39a; 1731 *hat man sich also verabredet, daß man zu ehester Gelegenheit auf dem spennigen Boden zusammen kommen ... wolle* Überl. Stadtr. 675. – Zu → *II Spann.* – DWb. 10/1, 1884 (*spänig*); Fischer 5, 1474 (*spänig*); Schweiz. 10, 287.

Spann-kette *šbanked, -t* Biberach, Münchw.; *šbǫnkʰedə* O.winden; *-kʰedəmə* Yach, Bräunlgn. – f.: **1)** ‚Kette, die hinten und vorne am Leiterwagen angebracht ist und zusammen mit dem → *Spannbengel 2* die beiden Seitenteile zusammenhält'; sie läuft vom Spannbengel um die → *Langwiede* zum anderen Ende des Spannbengels Schwendemann Ort. 1, 106. – **2)** ‚zweiteilige Kette, die den beladenen Wagen zusammenhält', angebracht an den Leitern in der Mitte des Wagens Bräunlgn, Schwendemann Ort. 1, 107; vgl. *Mittelkette.* – **3)** ‚Kette, mit deren Hilfe der → *Wiesbaum* fixiert wird'; *d Schbankeed vornə am Waagə aahänggə* eb. 116; Meier Wb. 88f. – **4)** ‚Kette, die mit Hilfe des → *Spannbengel 1* gespannt wird, um die Wagenladung zusammenzuhalten', insbes. beim Langholzwagen 1968 O.winden, Yach; „Langholz wird so geladen, dass zuerst die unterste *leg* (vgl. → *Lege 1*) ... um den Vorderwagen mit der *stosskett*, um das Hintergestell mit der *zugkett* gefesselt wird, dann kommt um die ganze Last die *spannkett*" Biberach. – Vgl. *Brüchkette.* – DWb. 10/1, 1911; Fischer 6/2, 3136; Pfälz. 6, 202; Schweiz. 3, 567; Südhess. 5, 1116.

† **Spann-meister** m.: ‚Meister, der die Zimmererarbeiten leitet'; 1774 *Spanmeister Christian Simon* Hausinschrift in Kappel i. T.; *baw- und spanmeister* Friedenweiler Chronik/Alem. 10, 208. – H. Schilli 72. 74. 207.

Spann-nagel → *Spannagel.*

Spann-platz m.: dass. wie → *Spannstatt* Kaltbrunn/Hansjak. Erzb. 74f.

Spann-säge *šbāsägə* Neuk., Schollach, Todtnaubg, Gütenb.; Dim.: *-sägli* eb. – f.: ‚Handsäge mit Rahmen, in den das Sägeblatt eingespannt wird' Krupp-Kleiser 165, M. Braun 147; *... un sëlt owe an sëlem Hôke hangët d Bôm- un d Schbâsäge un dr Sûnabl* (→ *Saunabel 1*) *zum schmîare* O. Fwgler 22. – Vgl. *Sägearme.*

Spann-scheit *šbanšit* Bohlsb., Ortenbg; *šbąnšid* Zell-Weierb.; *šbānšit* Ringshm; *baschit* Lienhm/Umfr.; Dim.: *šbānšidl* Neumühl, Kork. – n.: **1)** ‚hölzerne Querverbindung, die die Leitern des Wagens hinten und vorne zusammenhält' Offenburger Gegend/Ochs-Festschr. 263; *1 Spannscheit 60 Pfennig* (Wagnertarif) 1914 Etthm. – **2)** ‚Teil des Herbstwagens, der zusammen mit einer Kette zum Befestigen der Bütten gebraucht wird' Kreutz 52. – Die Form in Lienhm ist durch falsche Worttrennung entstanden, vgl. dazu Schweiz. 8, 1519. – Syn. zu Bed. 1: *Leiterscheit, Siel- 2, Spannbengel 2, -holz 1, Sperrholz, -scheit.* – Pfälz. 6, 203.

Spann-schuh m.: dass. wie → *Hemmschuh*; *Spannschue* Mahlbg/Alem. 35, 221. – DWb. 10/1, 1914; Els. 2, 403; Schweiz. 8, 485.